男女平等は
男女を幸福にしない

佐藤貴彦

Parade Books

目次

序章　若い男性ほどフェミニズムが嫌い

二〇二一年十一月、「若い男性ほどフェミニズムが嫌いである」という興味深い調査結果が発表された。

電通の社内シンクタンク「電通総研」が、国内一八～七〇歳の男性三〇〇〇人に対し、「女性活躍を推進するような施策を支持する」かという質問をしたところ、「まったくそう思わない」「そう思わない」と回答した割合は次のようになった。

一八～三〇歳　　三七・二％
三一～五〇歳　　三八・四％
五一～七〇歳　　二一・二％

このように、古い世代よりも、若い世代（あるいは現役世代）の方が「女性活躍の推進」に否定的であることがわかったのである。

さらにまた、「フェミニストが嫌い」かという、ズバリ直球の質問をしたところ、「とてもそう思う」「そう思う」と回答した割合は次のようであった。

一八〜三〇歳　四二・八％
三一〜五〇歳　三九・一％
五一〜七〇歳　三一・七％

このように、若い男性ほど、「フェミニズムが嫌い」であるという結果が出たのである。しかし、その理由は何なのだろうか。ネット上では、「女性活躍の推進」の政策が若い男性の雇用を奪い、あるいは若い男性の昇進を妨げるものである（と感じている）からだ、という趣旨の主張が見られた(注1)。この主張には一定の支持が得られたようだが、しかし、それを裏付けるデータ的な根拠は何もない。

そもそも日本はジェンダーギャップ指数が非常に小さい（すなわちジェンダーギャップが大きい）ことで知られており、世界順位は年々下がる傾向にある。とくに二〇二三年は世界一四六か国中一二五位と過去最低であった。経済面で見てみると、次のようになっている（完全平等を一・〇〇〇としている）。

労働参加率の男女比　〇・七五九　（八一位）
同一労働における男女の賃金格差　〇・六二一　（七五位）

推定勤労所得の男女比　〇・五七七（一〇〇位）
管理的職業従事者の男女比　〇・一四八（一三三位）

このように、雇用・賃金・昇進等で、まだかなりの男女格差があるのである。

しかも、二〇二〇年のコロナ禍の不況では、男性よりも女性の雇用と労働時間の方が大きく減少している（注2）。

つまり、いくら「女性活躍の推進」や「男女平等」が声高に叫ばれているとはいえ、現実には、男性の雇用や昇進が女性によって圧迫されているとはいえず、この点ではフェミニズムの影響はほとんどないと言っていいのである。この現状では、若い男性が「女性活躍の推進」を現実の脅威として実感するとは非常に考えにくい。

（注1）『「フェミニストが嫌いだ」そう断言する若年男性がジワジワと日本でも増えているワケ』（窪田順生 プレジデントオンライン 二〇二一年十二月十日）。なお、この記事は、当時、「フェミニズム」で検索したところ、検索順位の最上位でヒットした。
（注2）「労働政策研究・研修機構の調査によると、景気が悪化した二〇二〇年四～五月期の女性の労働時間と収入の落ち込み幅が男性より高かった。また労働政策研究・研修機構とＮＨＫが合同で六万八〇〇〇人の雇用者に実施した調査によると、二〇年四月以降の七カ月間に、解雇や労働時間の激減を経験した者の割合は、男性一八・七％に対し、女性は二六・三％と、

四人に一人以上が辛酸を舐めている」。(『「世界でワースト2位」日本の男女賃金格差が全然埋まらない理由2つ』溝上憲文 プレジデントオンライン 二〇二一年六月二十四日)

フェミニズムによる締め付け

しかし、それでは、若い男性がフェミニズムを嫌悪する理由は何か。

若い男性がフェミニズムを嫌悪するのには、あまりにも明白な理由があるのだが、そのことを理解するためには、まず最近のフェミニズムの潮流というものを確認しておかなければならない。

フェミニズムは、まず参政権など、法制度上の平等から始まって、女性の社会進出へと拡大していき、さらには文化慣習上の性的役割の解消へと発展していった。わかりやすく言えば、「男らしさ、女らしさ」あるいは「男は仕事、女は家庭」といったような固定した性的役割の解消である。これに関して、フェミニズムによる圧力は年々強まってきており、現在では「女性も外に出て働くのが当たり前」とされ、「専業主婦」であることはあたかも罪悪であるかのような言われ方もされている。そしてさらには、「女は家庭」といったような性的役割を少しでもイメージさせるような表現があれば、それを見つけて攻撃するというのがフェミニズムの戦術となっている。

その代表的な例として、ファミリーマートの『お母さん食堂』の名前を変えさせようという署名活動がある。『お母さん食堂』というネーミングが「食事は女性がつくるもの」という性的役割を固定化するものとして批判されたのである。

もう一つ例を挙げると、二〇二二年四月一日、NTTの澤田純社長が入社式の挨拶で、「私たちは女性と男性は違うと考えています。人間という意味ではもちろん一緒ですけれども、能力や特性の得意な分野が違うと思います」という発言をし、これが問題視された。朝日新聞によれば、「男女それぞれに何かの特性があると決めつけることは、それと異なる人々の行動や希望を制約しかねない」（東京工大・治部れんげ准教授）というのである。

このように、男女の性別による役割を固定化するような発言に対しては、年々その締め付けが厳しくなってきているのだが、このことに関連して、ネット上で大きく騒がれた二つの有名な「事件」があるので、次にそれらの事件を紹介したい。

辻希美さんブログ炎上事件

まずは辻希美さんのブログ炎上事件である。

元モーニング娘の辻希美さんは、その円満で幸福な家庭生活を日々ブログに書き記しているのだが、家事育児に関して幾度となく炎上しているというので話題になった。私自身はその炎上の様子を直に観察したことはないのだが、その内容はネット上のあちこちで触れられており、いったい何が理由で炎上したのかを当てる『辻希美炎上クイズ』なるものまで現れる有様であった。

それをみると、まさに「重箱の隅をつつく」ようなものがほとんどなのだが、「なぜそこまで辻希美さんのことを攻撃する人たちがいるのか」ということも議論の的になった。辻希美さんくらいメジャーな芸能人になると、ファンが多いぶんだけアンチも多いとか、辻さんの幸福を妬む人たちが些細なことで難癖をつけているのだとか、いろいろな議論があったのだが、しかし、ここで度々目についたのは、「辻希美さんに対して悪意のコメントをする人たちはフェミニストだ」とする発言や記述だった。

私の見たかぎりでは、辻希美さんを攻撃する人たちをフェミニストであると断定する確かな根拠というものはない。しかし、「難癖をつけているのはフェミニストだ」と思われてしまうのには、それなりの理由がある。

それは第一に、フェミニストがこれまでに『宇崎ちゃん献血ポスター事件』や『自衛官募集ポスター事件』など、数多くのクレームつけてきたという「前歴」があるということだ。だから「何かと難癖をつけてくるのはフェミニストである」という認識がネット上で定着してしまっているのである。

そして第二に（これが重要なのだが）、辻さんのブログそれ自体にフェミニストから目を付けられそうな要素があるということだ。それは何かというと、辻希美さんがブログに書いている「幸福な家庭のあり方」というものが、まさにフェミニストのイデオロギーに反するのである。

つまり、辻希美さんが子育てに専念したり、子どもの運動会のために色とりどりのお弁当を作ってあげたりすることは、従来の主婦としての役割、すなわち従来の文化慣習上の女性としての役割をきっちり果たしていることになる。これは、フェミニストにとって断じて許せない。しかも、それがいかにも「幸せそうな家庭」であるとすれば、フェミニストの怒りは倍増する。フェミニストによれば、主婦の家事労働は不払い労働であり、ただでこき使われているに過ぎない。そこに女性の幸福などあろうはずもない。いや、それは断じて女性の幸福であってはならない。ところが、辻希美さんはまさにそれが「幸福である」という現実をフェミニストに突き付ける。しかも辻希美さんは有名人だけに、そうした「幸せ」のイメージの拡散力は大きいだろう。じっさいに辻希美さんのブログを炎上させたのがフェミニストなのかどうかはわからないが、それがフェミニストたちの気に障るものであることは間違いない。

『サイゼで喜ぶ彼女』事件

そしてもう一つ、これと似たようなケースを紹介しておきたい。それは『サイゼで喜ぶ彼女』という事件である。

これもネット上では非常によく知られた事件である。ある男性が幼馴染の女性をファミリーレストランのサイゼリヤに連れて行ったところ、彼女が非常に喜んでくれたというエピソードを、あるイラストレーターが『サイゼで喜ぶ彼女』というイラストにしてツイッターに投稿した。これが大きな反響を呼び、十四万件の「いいね」が付いたが、それと同時にこのイラストを攻撃するツイートが殺到したのである。

その「嫌がらせツイート」のいくつかを紹介する。

「なんで谷間出る服チョイスしたのかな?男の理想詰めました!みたいな感じ?」

「デートだよっつって彼氏にサイゼ連れてかれたら確実に殴ってるわ　舐めんなよ　使う金額も愛情だろうが」

「こういうの、『安価な飲食店でも文句ひとつ言わずニコニコ食事してくれる〝良い〟女』にフォーカスしすぎて『食事を楽しむ』という観点が抜け落ちてるのが腹立つ。サイゼは好きだけど、サイゼを女の値踏みのために使う男は嫌い」

「安物に文句を言わない、童顔で騙しやすそうで、でもおっぱいだけは大きくて。支配欲と女性蔑視に安易に砂糖をまぶしたような、この手の独善的で卑怯な価値観が気持ち悪い」

「よかったね。やっと見つかったね。何でも無条件で受け入れ喜び、パツパツの服で谷間を無意識に垂れ流す黒髪セミロングの可愛い女性。きっと料理上手で頑張り屋さんのお世話好き、何もしなくても常に膣が湿潤しており、処女なのにものの数分で何度も連続イキできる特技も持ってそう。最高じゃん〜よかったね」


率直に言って、「このイラストひとつでここまで言うか」という感じだが、この場合、このイラストに対する批判の多くがフェミニストの視点でなされていることは明白である。

この事件はネット上のあちらこちらに拡散され、ユーチューブでもさかんに取り上げられ、このイラストを擁護する人たちの間で大論争となった。論争は主に「サイゼリヤのような安価なファミリーレストランをデートの場所に選ぶのは是か非か」という論点で発展したようだが、しかしながら、これまた、辻希美さんのブログ炎上事件のときと同じく、こういう議論そのものにはあまり意味がないように思われる。

ようするに、表層の議論はどうあれ、フェミニストにとってこのイラストが気に入らない、もっと根本的な理由があるのである。それは何か。

それはつまり、このイラストには、この男女関係が非常に良好であること、すなわち、サイゼリヤでデートしている男女が非常に仲良しであるということが背景としてあるということである。

実際、イラストの擁護者からは次のような意見があった。


この子が笑顔なのは「サイゼリヤだから」じゃなく、「大好きな人と一緒に食事しているからだ」としか思えないし、この絵を見ていても、心がほっこりする幸福感以外の感情が湧いてこない。

その通りだと思うが、フェミニストたちにとって一番気に入らないのが、まさしくその点なのである。つまり、男女の恋人同士が「幸せそうでムカつく」のである。

それでは、なぜ、フェミニストは幸せそうな男女をみてムカつくのか。

ネット上では、こうしたフェミニストたちに対し、「サイゼリヤにすら連れて行ってもらえない哀れな女たちの嫉妬心」などという意見もあった。しかし、これは単なる嫉妬心ではなく、やはりフェミニズムのイデオロギーが絡んでいると思われる。

つまり、フェミニズムのイデオロギーからすれば、女性は男権社会において常に虐げられた存在であり、抑圧された存在である。だとすれば、こうした社会の男女関係において女性の幸福などあろうはずもない。男性のすることに女性が喜びを感じるとすれば、それは男性によってうまく騙された女性、男性にとって都合のいい女、ということになってしまう。こうして、『サイゼで喜ぶ彼女』は、女性が幸せそうであるという、ただそれだけの理由でなんだかんだと難癖をつけられて攻撃されてしまう。フェミニズムによって男女の恋愛そのものが否定されてしまうのである。

だとすれば、若い男性がフェミニズムを嫌がる理由はあまりにも明らかではないだろうか。それは、フェミニズムそのものが男女の恋愛を否定するものであり、さらには家庭の幸福を否定するものだからだ。フェミニズムが若い男性に嫌われる最大の理由は、これなのである。

フェミニズムという病《やまい》

以上、『辻希美さんブログ炎上事件』、『サイゼで喜ぶ彼女事件』というネット上で有名な事件を紹介したが、この他にも、もっと直接的で過激な言動をネット上で繰り広げるフェミニスト（俗にいうツイフェミ）の例は枚挙にいとまがない。

ユーチューブで「ツイフェミ」を検索してみると、次のような言動がネット上を騒がせていたようだ。

「女性差別による害や不平等から逃れるにはオスを関わらせない近づけない排除するというのが一番効果的なんだよ。結局オスがいる限り女性差別は無くならないから女性専用国とかあったらいいのに」

「男が絶滅する世界を想像するの楽しすぎる。本当はやりたいけど女だからできないことを満喫したい」

「日本のオスは全員地獄に落ちて欲しい」

「男性という障がい者は生まれつきドラッグをやっているようなものなので、罪を犯さないように小さいうちに徹底的に躾けなくてはいけないと思う」

いやはや。なんとも凄まじいばかりの男性憎悪のオンパレードである。

これではフェミニストが若い男性から嫌われるのも当然だろう(注*)。

ただ、その一方で、このようにツイッター上で憎悪に満ちた過激な言動を繰り広げるツイフェミたちは、フェミニズムのイメージを傷つけているだけであって、真のフェミニストではない、という意見もある。がしかし、本当にそうだろうか。

じつは、フェミニストとして知られる著名人たちをみると、こうした過激なツイフェミたちと、ほとんど同じような言動をしていることに気づくのである。それらはツイフェミほどには過激ではないが、実質的に言っていることは同じである。すなわち、恋愛の否定、結婚の否定、家庭の幸福というものの否定、そして激しい男性憎悪である。ようするに、この世の幸福というものを全て否定しているように思えるのだが、それはあまりにも強烈で、ほとんど病的とすら思えるものである。

そこで、本書の主たる目的というのは、フェミニストの議論の表層に現れている議論そのものに反論することよりも、そのようなフェミニストの奥底にある病根を解明していくことにある。フェミニストと論争してもおそらく意味がない。ツイフェミの過激な言動をみてもわかるように、そこに議論の接点を見出すことすら難しい。したがって、本書で主に扱うのは、フェミニストの言論そのものではなく、その裏側にある彼女らに特有の心理の分析なのである。なぜ彼女らはそれほどまでに男性が憎いのか。ここではまず、具体的に名の知れたフェミニストを取り上げ、その言動の背後にあるものを探っていきたいと思う。

（注＊）総務省の調査（二〇二一年）によれば、平日にネットを利用する時間は、一〇代は二二四・二分、二〇代は二五五・四分、三〇代は一八八・六分、四〇代は一六〇・二分、五〇代は一三〇・〇分、六〇代は一〇五・五分となっている。若い世代ほどネットに触れる時間が長い。つまり、ツイフェミの発言を知る機会も多いものと思われる。

第一章　田嶋陽子はなぜフェミニストになったのか

まず初めに、個々のフェミニストについて論じたい。

ここで取り上げたいのは、田嶋陽子、上野千鶴子という、二人のフェミニストである。

ここでこの二人を選んだのは、メディアに頻繁に登場し、ズバ抜けて知名度が高いという、ただそれだけの理由によるものではない。この二人は、いずれも自分の生い立ちについて詳しく語っており、それがゆえに生まれ育った家庭環境に関して詳細な分析が可能だからである。

つまり、ここで興味があるのは、彼女らの言説そのものではなく、その言説の背後にある彼女らの心理、すなわち彼女らの抱く「男権社会」への憎悪感情であり、そのような憎悪感情を生み出す原因となった家庭環境なのである。彼女らのフェミニズムには、彼女ら自身の怨念のようなものが感じられる。そして、彼女らの怨念は、その生い立ちや家庭環境から生じたものと考えられるのである。

以上に述べたような観点からすれば、ここで最も興味深いフェミニストは田嶋陽子である。田嶋陽子の著述には、他のいかなるフェミニストよりも、自分の生い立ちが赤裸々に語られている。

母親からの虐待

田嶋陽子の主著である『愛という名の支配』（太郎次郎社）の冒頭では、彼女の生い立ちについて詳しく述べられているが、そこには楽しいことや愉快な思い出というものがなく、そのほとんどが母親から虐待されたという話である。

田嶋が生まれたのは太平洋戦争の始まった年であり、四歳の時に終戦を迎えた。戦時中、父親は兵隊にとられたため、母子は疎開先で親戚の家を転々とし、母子ともに肩身の狭い思いをした。戦争が終わって父親が返ってくると、今度は母親が脊椎カリエスになってしまった。

母自身は、ベッドに寝たきりになっていました。二十代の後半から三十代といえば、人生のいちばんいい時期なのに、したいこともできない、母親らしいことも妻らしいこともできない。それどころか、あした死ぬかもしれない。そういうなかで私をひとりだちさせなくてはいけないのですから、母は、母なりにあせっていたのでしょう。

ベッドでは、石膏でできた箱型のコルセットみたいなもののなかに寝ていましたから、からだは動かせません。どういうことをするかというと、二尺ものさしをそばに置いておいて、それで私をピシッとやるわけです。私は、竹のものさしが届くところにいなくてはいけない。たたかれるとき、逃げてはいけない。もし逃げれば、母はカンカンにおこって熱をだしたりして、からだにさわります。ですから、私は逃げてはいけなかったのです。

ヒスをおこした母が、教科書をまっぷたつに引き裂いて、窓の外に投げ捨てたりしたこともありました。当時の私には、教科書は言ってみれば、キリスト教徒のバイブルみたいに神聖なものでしたから、ひどくつらかったことを覚えています。

この他にも、「口のきき方がいけない」とか「ごはんの食べ方がいけない」とか、一挙手一投足に文句をつけられたり、お灸をすえられて、それをじっと我慢するとウスノロだと罵られたり、「こんな不器量な子は産んだおぼえがない」と言われたり、とにかく、精神的にひどい虐待を受けている。そういう話ばかりなのである。学校が終わっても、家に帰るのがいやで、運動場の真ん中にひとりでポツンと立っていたという。これを読むと、さすがに田嶋への同情を禁じえない。

ところが、田嶋はそれでも自分の母親を責めないのである。子どもというものは、どんなに虐待されても、母親を恨むことはできないものなのか、と思ってしまう。

母親からの虐待がどのようなものであっても、田嶋は母親を愛することをやめることはできない。母娘の絆を断ち切ることはできない。そこで田嶋は、母親の虐待そのものを自分の頭の中で巧妙に正当化してしまう。その正当化の論理というのは、次のようなものである。すなわち、ひどい抑圧を受けていたのは、じつは母親の方なのであって、その抑圧への鬱憤晴らしが子どもへの虐待につながったのだ、というのである。

田嶋の母親は主婦としての自分の立場を嘆き、経済的に自立できないことを嘆いていた。このことは、田嶋に強烈な印象を残している。

たまに、からだの調子がよくなって小康状態がつづくと、母は自分で起きてお化粧をし、台所にたちました。いまでも忘れられないのは、母が茶碗を洗いながら泣いていたことです。「どうしてお母さんだけが、朝昼晩、こうやって茶碗のケツ、なでてなきゃいけないの」と言って。母親が泣くのを見るのは、子どもにとっては天地がひっくり返るくらい大変なことなんですね。いつもきびしく私をしつけている母が泣くなんて。

……養ってもらうかわりに、茶碗のケツをなでていなければならない。首の鎖が長いか短いかの自由しか女には許されていない。結婚することでしか女は生かされない。女は飼い殺しにされている。自分で自分の人生を選べない。選択権がない。自己決定権がない、ということなんですね。母がもらしたことばは、私の人生にいろいろな意味で警告をなげかけ、それだけでなく、問題提起をもしてくれたのです。

田嶋によれば、田嶋の母親は当時の男権社会によって自由を束縛され、強く抑圧されていたというのである。そこで田嶋は次のような結論に達する。

母は、抑圧されっぱなしで出口ひとつない状況のなかにあって、やり場のない怒りと不満で煮えたぎっていたんですね。その煮え湯をだれかにぶっかけたかった。だれかがそれで苦しむのを見たかった。それで溜飲が下がるような気になったのではないでしょうか。

このようにして、田嶋は母親の虐待を正当化する理由をつくりだす。その理由というのが「男権社会」なのである。つまり、母親こそ男権社会の犠牲者なのであって、その不満のはけ口が田嶋への虐待に向かったのだ、というのである。したがって、もとをただせば「何もかも、男権社会が悪いのよ」ということになってしまう。

このように、田嶋の子どもの頃の回想をみてみると、ここに田嶋がのちにフェミニストになるべき、お膳立てが全て揃っているのがわかる。まさに、田嶋は母親の虐待を正当化するために、フェミニストになった。そして、母親の嘆きと不満の埋め合わせをするために、フェミニストになったのである。これは「フェミニストはいかにしてフェミニストになったか」を知るための、じつに興味深い例である。

母親コンプレックス

田嶋は一冊の恋愛論のようなものを出している。『恋をしまくれ』（徳間書店）という題名の本である。

ここで、田嶋は一つの恋愛体験を述べている。それは、イギリス人の美術家クリスとの関係である。

クリスとの関係は、田嶋にとって「宿命的恋愛」と呼べるものであった。そして田嶋によれば、この恋愛は母親との関係の反復であったという。

つまり田嶋によれば、クリスという人は、田嶋の私生活のやることなすこと、ひとつひとつに細かく干渉する人であって、それが自分の母親のやり方と非常によく似ていたというのである。

思い返してみると、クリスとの関係は、私と母との代理戦争だったのだ。本当は母と面と向かって闘わなければいけなかった問題を、私はクリスを母に見立てて闘っていたらしい。クリスの胸を借りて、私は過去の亡霊と対決していた。

なぜそういうことになったのかというと、私を愛するその愛し方が、母のそれと、とてもよく似ていたからだ。……

クリスとの愛を生きることは、母との関係を追体験することだった。

しかしながら、田嶋のこのような恋愛体験は別に驚くようなことではない。なぜなら、このように交際相手の男性を自分の母親の代理とするような恋愛体験は、女性の母親コンプレックスの典型として、すでに精神分析学者のフロイトによって指摘されているからである。

フロイトは、「非常に多くの女性の場合に、ちょうどその青春時代が母親との闘いで明け暮れしたように、その成熟の時期が夫との闘争でみたされている」と述べている。すなわち、母親との関係が、男性との関係の中で反復されるケースが多いことを指摘しているのである。

われわれが、ながい以前から気づいていることであるが、夫を選ぶにあたって、模範としての父親の姿を求めたり、あるいは、夫を父親の位置に据えてみるというようなことをしているのに、いざ現実の結婚生活の中では、母親に対する好ましくない関係を夫に対して繰り返し再現している婦人が少なくないのである。本来ならば、夫としては妻の父に対する関係をひきつぐべきであるのに、妻の母への関係をひきうけてしまっているのである。これは手近な退行現象の一例だと思えば容易に説明はつく。母親への関係の方が根源的なものであり、父親への関係は、そのうえに構成されるものなのであって、結婚生活のあいだに、この抑圧されていた根源的なものがあらわれてくるのである。

（『女性の性愛について』日本教文社）

つまり、フロイトによれば、愛憎関係の原点は母親との関係である。したがって、結婚生活（あるいは男性との恋愛関係）であっても、そこに母親との愛憎関係が反復されてしまうのである。しかしながら、田嶋にはまだ次のように主張する余地が残っているかもしれない。「私はクリスとの関係を克服したことによって、母親との関係も克服したのだ」と。つまり、「私はクリスによる〈愛の支配〉を払いのけたことによって、母親の支配をも払いのけたのだ」、「ようやく母親から独立したのだ」と。これが田嶋の言い分である。

しかし、はたして、それは本当だろうか。

そもそも、田嶋がフェミニストになったのはなぜか。それは母親の願望の実現を代行したということではないのか。田嶋の母親は、自分が経済的に自立できなかったことを悔やんだ。毎日茶碗のケツをなでる身分を嘆いた。女性が自立することは母親の至上命令であり、田嶋はその命令に忠実に従った。だとすれば、結局のところ、田嶋と母親との闘争は、母親の勝利で終わったことになる。

第二章　上野千鶴子はなぜフェミニストになったのか

次に分析するフェミニストは上野千鶴子である。上野千鶴子の毒舌はよく知られていて、その矛先はもっぱら男性に向けられている。たとえば、こんな感じである。

（一夫一婦制は）どんなカスでも嫁はんもらえるという、いい社会です。だからこの社会がなくなると男は困る。

戦争というのは男の大好きなゲームで、男がこれをやらないともう男である理由はあんまりない……。

性交が、愛のコミュニケーションだとは、どこの誰が言った戯言《たわごと》だろう。男は、憎しみからでさえ勃起できる生きものだ。

いやはや、これらの文章をみると、男というものは、まるでカスばかりで、戦争するしか能がなく、憎しみでセックスする生きものだということになる。上野千鶴子の著述にはこうした男性憎悪の記述がいたるところに見られるのであり、こういう極端に悪意に満ちた男性観が上野のフェミニズムの根幹をなしている。この点については、序章で紹介したツイフェミたちの男性憎悪と大差ない。

しかも、ネット上で言いたい放題を垂れ流している名の知れないツイフェミたちとは違って、上野千鶴子はアカデミズムにおいてもメディアにおいてもれっきとしたフェミニストで通っている人物である。それがこの有様では、フェミニズムというのはその根底に強烈な男性憎悪があるのだと言われても仕方がない。

強烈な男性憎悪の原因

しかし、ここではそのような結論で終わることなく、議論をもう一歩進めたいと思う。それでは、上野千鶴子がこれほどの男性憎悪に陥ってしまった原因は何なのか。問題はそこなのだが、最近になって、上野自身の口からそれが語られた。以下、漫画家の田房永子との対談、『上野先生、フェミニズムについてゼロから教えてください！』（大和書房）より引用する。

【上野】当時東大で男子と一緒にゲバ棒を持つ女の子がいたらしくて、その女性についたあだ名が「ゲバルト・ローザ」。ローザは女性革命家のローザ・ルクセンブルクからとったのね。同志とした女は恋人にせず、恋人には都合のいい耐える女、待つ女を選ぶ。これが男のダブルスタンダード。今の「総合職女と一般職女」とおんなじね。

【田房】総合職がゲバルト・ローザで、一般職が救対の天使？

【上野】そうそう。女の用途別使い分けよ。大学闘争の現場にはもうひとつの類型があって、それが「慰安婦」だったの。当時、性的にアクティブな女の子たちを、男たちは「公衆便所」って呼んでいたのね。凄まじい侮蔑の言葉でしょ。同志の女につけこみながら、影で笑い者にしてたの。

【田房】ひどい……。

【上野】どれぐらい蔑視していたかがよくわかるよね。ところが九一年に「従軍慰安婦」が問題になった時、その言葉がもともと皇軍兵士が「慰安婦」に対して使った言葉だったことをはじめて知った。自分たちが同志だと思っていた男が裏で女性を侮蔑してたってだけでも耐え難いけど、それが皇軍兵士の用語と同じだったなんて！　ほんとに、口もきけないぐらいのショックだった。歴史的な伝承があったのか、それとも誰でも思いつくような言葉だったのか、歴史的検証をしてみないとわからないけれど。

【田房】皇軍っていうのは、天皇の軍ってことですか？

【上野】そう。男たちは「天皇制解体」とか「家族帝国主義粉砕」って叫びながら、実際には家父長的なオヤジと同じふるまいをしてたのよ。共学で一緒に勉強して、一緒に隊列に並んだ男の子たちが、とんでもない家父長男だったってこと。頭の中は革命でも、体は完全に家父長制のおっさん。戦前、「共産党、家に帰れば天皇制」っていう川柳があったんだけど、そこから何も変わってない。

【田房】聞いたことあります。フェミニストや共産党員に育てられた人が、「親は外では立派なことを言うけど、家庭は崩壊してた」って。

【上野】「ワンマンな夫を妻が暴虐に耐えながら支える」みたいな話って、いくらでもあるよね。しかもその男が、革命とか階級闘争とかの「大義のため」に闘ってると、逆らえない。銃後で耐える貞女ね。そういう性分業がバリケードの中でも起こった。そこで私が何をやってたかと言うと、おむすび握ってたわけ。だからおむすびキャリア半世紀!

【田房】おむすびはどのタイプなんですか?

【上野】気の利いた三角おむすびなんかやってられないから、まんまるなおむすびね。私はけっこう上手だったのよ。なのにカタチの悪いおむすびがあると、これは上野が握ったんだ、と男の子たちが言ってたそうな(笑)。おむすび握るのは銃後の妻で賄い婦。銃後の妻と慰安婦はお互いに補完関係にある。運動には男も女もなかったはずなのに、結果としてどれだけジェンダーギャップがあって、女がどれだけのツケを払うかってことも、骨身に染みて味わった。私がフェミニストになった理由はね、私怨よ。

【田房】おおー!

【上野】私的な恨みつらみ! 「私怨でフェミになるなんてけしからん」とか言う人も時々いて、

「フェミニズムとは、男も女も共にジェンダーの正義を求めて闘うこと」だとか（笑）。

【田房】え、なにそれ（笑）。

【上野】私は「ケッ」て思う！

【田房】あはははは！

【上野】私の恨みつらみで闘って何が悪いの⁉

【田房】うんうん！

【上野】私の頭の中には、「あの時あの場所であのヤローが私に何をした、何を言った」っていうリストがいっぱいある。「許せない！」っていう気持ちがいっぱいあります（笑）。フェミニズムは「わたし」から出発する。個人的なことは政治的なことだから！


このように、上野自身がフェミニストになった理由をじつにわかりやすく解説している。ようするに、それは私怨によるものだという。

そして上野は「私の恨みつらみで闘って何が悪いの⁉」と開き直るのだが、しかし、そうなると、そうした私怨によるフェミニズムというものには自ずと限界がある。なぜなら、そうした上野個人の恨みを共有しない女性からは全く共感を得られないからである。

ここではっきり言っておきたいのは、上野千鶴子をはじめとするフェミニストたちは、あたかも一般の女性を代表して弁舌をふるっているつもりになっているが、じつは女性の味方でもなんでもない、ということである。とくに、上野千鶴子のような激しい男性憎悪を有している女性はそんなに多くない。

若い女性のほとんどは、男性との楽しい思い出を有しているか、あるいは楽しい思い出をつくりたいと考えているだろう。そして、そういう大多数の女性は上野のような激しい男性憎悪を共有できないだろう。逆に言えば、上野のフェミニズムに共感する女性たちというのは、過去において上野と同じような男性に対する強い恨みを有する女性ばかりの少数派の集団だということになってしまう。フェミニストと一般女性との間には大きな溝が存在するのである。

いずれにしても、この話を見る限りでは、上野千鶴子がフェミニストになった理由はじつにわかりやすい。つまり、これは復讐である。男たちから侮蔑されたから侮蔑仕返しているんだということになる。しかし、これだといかにも話が単純すぎるようにも思える。なぜなら、過去に異性関係で苦い経験を持つ女性は他にもたくさんいるだろうが、そういう女性が必ずしもフェミニストになるとは限らないからである。上野千鶴子がフェミニストになったもっと根源的な原因が他にあるのである。

ここで興味があるのは、上野の育った家庭環境である。もっと突っ込んで言えば、上野千鶴子とその母親との関係である。

上野は自分の育った環境について、次のように述べている。

わたしは親に愛されて育った。わたしはそれを、親がわたしにくれたえがたい贈りものと思っている。

ことに男親には溺愛された。父親にわけもなく愛された経験は、男にきっと愛されるというわけもない自信をわたしに与えた。もちろん、これは根拠のない自信である。この期待は現実によって何度も裏切られたけれども、それでもこりずに男に期待することにおじけづかないという、基本的な楽天性をわたしに与えた。こういう感情を、心理学者のエリック・エリクソンは「基本的信頼」と呼ぶのだろう。

世の中には、この「基本的信頼」を不幸にして持てない人たちがいる。この人たちは、他人に期待することにおびえ、他人から愛を示されると身体をかたくして拒絶する。他人に愛を求めることも、愛を受け入れることにも不器用な人たちだ。他人から愛情をたっぷりそそがれて、愛されるとはどういうことか体験した人たちだけが、今度は他人を愛することができる。自分が経験しなかった感情を、他人に伝えるのはむずかしい。

(『ミッドナイトコール』朝日新聞社)

しかし、私はこれを読んだとき、いろいろな意味で違和感を抱いた。

まず、この上野の文章によれば、上野には「男にきっと愛される」という自信があったけれども、現実には何度も裏切られた。それでも懲りずに男に期待するほど楽天的だったという。これを上野は「基本的信頼」と呼んでいる。ところが、実際には上野は男性に対して激しい憎悪感情を抱いており、ここに大きな矛盾がある。

すなわち、現実には、上野は男性に裏切られ、「基本的信頼」を粉々に打ち砕かれたのである。

だからこそ上野は激しい男性憎悪を抱くようになったのだ――そう解釈するのが普通だろう。だとすると、「基本的信頼」を失った不幸な人というのは、まさしく上野自身であり、「他人に愛を求めることも、愛を受け入れることにも不器用な人」というのも、まさしく上野自身だということになる。

つまり、この時点で上野千鶴子のいうことを矛盾なく整理すれば、次のようになる。上野は両親に愛されて育ち、「基本的信頼」を得たが、男性の裏切りによってそれを失い、男性を憎むようになったのだ、と。

しかし、これだけではまだ違和感は十分に解消されない。なぜなら、上野が描く一般の家族の現実というものが、あまりにも暗く殺伐としているからである。

上野千鶴子の描く家族の「現実」

上野は「家族の現実」というものについて、次のように述べている。

> 愛の共同性の神話は、性支配の現実によって、とっくにくつがえされてしまっている。人々はただそれを認めたがらないだけである。……
> 「家族」が公的領域の支配や原理の及ばない「神聖不可侵」の私的領域として確立されたこと

は、必ずしもそれが「友愛のユートピア」であることを意味しない。私的領域はいつでも閉ざされた専制の小王国と化す。だが家族の共同性の神話があまりに強く生きているために、死ぬほどぶたれた妻が助けを求めても、警官は相手が夫とわかると黙って立ち去るし、性的虐待を受けた子供がやっとの思いで口を開いても、大人たちはとり合わないか、その子をウソつき呼ばわりする〔Macleod&Saraga,1987〕。あたかも、家族の現実よりは神話の方を、より救い出したいかのように。家族という私的な領域の中には、権力支配だけでなく、あからさまな暴力までもが、そこにある。家族を「統合」しているのが愛ではなくむしろ専制であるような時に、そこにある支配と抑圧の現実を指摘したことで、フェミニストは「家族を解体する」という罪を着せられるのである。

（『家父長制と資本制』岩波書店）

すなわち、上野によれば、家族を統合しているのはもはや愛ではなく、権力や暴力による支配と抑圧こそが「家族の現実」だという。家族における愛の共同性の神話は「とっくにくつがえされてしまっている」のだという。

すぐに気がつくことではあるが、これは上野自身が「親に愛されて育った」という話とのギャップがあまりにも大きすぎる。「親に愛されて育った」という人間が、「家族の現実」というものを、このように、愛のない「権力と暴力の専制支配」として描くだろうか。これは誰もが抱く素朴な疑問だと思う。

そもそも、上野の言うように一般家庭は暴力で支配されているものなのだろうか。データをみてみよう。DVについて、二〇二〇年の内閣府の調査をみると、次のようになる。

夫から妻への暴力（身体的攻撃に限る）。
「何度もあった」　三・四％
「一、二度あった」　一三・六％
「まったくない」　八一・二％

夫から妻への暴力（身体的攻撃、心理的攻撃の両方を含める）
「何度もあった」　一〇・三％
「一、二度あった」　一五・六％
「まったくない」　七二・五％

妻から夫への暴力（身体的攻撃、心理的攻撃の両方を含める）
「何度もあった」　四・〇％
「一、二度あった」　一四・四％
「まったくない」　八〇・七％

以上のデータのうち、夫から妻への（身体的攻撃、心理的攻撃の両方を含める）暴力について、「何度もあった」が一〇・三％というのは問題とすべき数字だとは思うが、だからといって、暴力的支配こそが一般の家庭の現実だと断ずるのには無理がある。およそ九割の家庭には暴力がほとんどないのだから、上野の主張にはデータ的な裏付けがないというべきだろう。

それでは、裏付けがないにもかかわらず、一般の家庭が暴力と抑圧によって支配されているなどと上野が主張するのはなぜだろうか。それは、まさに上野自身の生まれ育った家庭がそうだったからではないのか。上野自身が暴力、あるいは心理的な攻撃を親から受けてきたのではないか。つまり、田嶋陽子と同じく、母親から虐待を受けていたのではないか。かねてから私はそのように推測していたのだが、先ほどの田房との対談を読むと、やはりその推測は当たっていたと思わざるを得ない。

田房との対談によれば、上野の母親は、父親と夫婦仲が良くなく、「（離婚したくても）おまえたちがいるから離婚できない」と子どもに言い続けてきた。「自分の不幸の原因はおまえ」だと、「子どもに無用な負債感、罪悪感を与える」母親だったという。

これは十分に児童虐待と言える状況である。

上野は、これを「ふつうのサイテーの母」だと表現するが、もちろん、このような母親が「ふつう」であるはずもなく、上野の母親のやったことは紛れもなく児童虐待である。しかし、上野は一般の家庭の母親が皆そうだと考えているらしいのである。実際、上野と田房との対談をみると、母娘の関係が極めて敵対的に述べられており、母娘が取っ組み合いのケンカをしているイラストまで描かれている。しかし、これが一般の母娘の関係だとは到底言えない。

ちなみに、ガールズトレンド研究所（フリュー株式会社）というところが二〇一八年に行った『女子高生・女子大生を対象とした「母娘関係に関する意識調査」』によれば、母親との関係について、「とても仲が良い」「まあまあ仲が良い」と合わせて九五・九％となっている。一般の母娘は仲がいいのである。

児童虐待の加害者の多くは母親

しかし、全体に対する割合からみれば、ごく少数ではあるにせよ、子どもを酷く虐待する母親の存在を無視することはできない。

フェミニストの側からは、父親による虐待、とくに性的虐待の被害が強調されることが多い。また近年、悲惨な幼児虐待死事件が相次いで報道され、その加害者が父親であったことから、児童虐待の加害者は主に父親だと思われがちだが、現実は必ずしもそうではない。厚生労働省の二〇一四年度の調査では、虐待の加害者として実母が五二・四％、実父が三四・五％、実父以外の父が六・三％、となっている。実母による虐待が実父をはるかに上回っているのである。また、虐待の内容は心理的虐待が四三・六％、身体的虐待が二九・四％、ネグレクトが二五・二％、性的虐待が一・七％となっている。

つまり、児童虐待というのは「母親による心理的虐待」というパターンが最も多いのである。そして、そのことが女児にもたらすトラウマも父親からの虐待に劣らず深刻である。そしてまさに、田嶋陽子と上野千鶴子のケースがそうなのだ。

これについて、フェミニストの側からは、「母親による虐待が多いのは母親に育児を任せっきりにしているからだ」等の反論が当然予想される。しかしながら、田嶋や上野の例をみてもわかるように、言葉による心理的虐待というのは育児によるストレスなどという単純な理由で説明がつくようなものではない。

そこで、上野が考え出した理由というのが、「男権社会による抑圧」なのである。

上野は、「母になったらすべての母は抑圧的になる」といい、「抑圧者であると同時に犠牲者でもある」と述べている。

つまり、母親は男権社会の中で「女性の役割」を押しつけられて生きてきた犠牲者であり、そのことへの鬱積した不満が娘にぶつけられる。そして、そうして育てられた娘は、結婚して自分が母親になると、やはり自分の娘に対して抑圧的に振舞うことになる。そのような抑圧の連鎖を断ち切るには男権社会そのものを解体する必要があるのであって、それを目指すのがフェミニズムだというわけである。これは、田嶋陽子が展開したものとほとんど同じストーリーである。

ようするに、田嶋や上野にとって母親からの虐待は耐え難いものであったが、かといって母親を憎むことはできない。ゆえに母親への憎しみは抑圧され、それが男権社会への憎しみに転化される、ということになる。田嶋陽子と上野千鶴子の例をみる限り、フェミニストをフェミニストにしている原因はこれだということになる。

第三章　愛を否定するフェミニスト

イヌ、ネコ、サル、ヒツジといった哺乳動物では、メスが出産し、メスが授乳するために、（少なくとも授乳期間は）子育てはメスの役割となっている。メスは誰からも教えられることなく、すすんで子育ての役割を引き受ける。イルカのオスは子育てにまったく関与せず、メスに任せっきりである。

メスは自分の子どもを守るために、子どもから注意をそらさないし、近寄ってくるものに対して非常に神経質になる。普段はおとなしい草食動物でさえ、外敵に対してきわめて攻撃的になる。子育てをしている野生のキリンに近づいたライオンが、母親キリンから蹴り倒されることもあるという。このように、哺乳動物の母親が子どもを守り、育てる行動は、一般に「母性本能」によるものだとされている。

ところが、フェミニズムはこの「母性本能」を否定するところから始まる。フェミニストによれば、母性というものは（人間以外の動物にとっては本能であるかもしれないが）人間にとっては本能ではなく、文化的、制度的に押し付けられたイデオロギーにすぎない。女性の出産・授乳という役割は、「男と女は平等でなければならない」とする絶対のドグマからすれば、女性に重くのしかかったハンデであるにすぎない。したがって、そうした女性の負担を軽減すべく、男性にも家事や育児を平等に分担させなければならないのだという。

この「母性はイデオロギーである」という主張は、上野千鶴子の著述の中でも頻繁に繰り返されており、フェミニズムにおける重要な概念となっている。

では、フェミニストはいかなる根拠でそんなことが断言できるのだろうか？　じつをいうと、この点に関してフェミニストの側からのはっきりした説明はない。理論の核となるようなものはない。フェミニストはただ「母性はイデオロギーである」と主張しているだけなのである。

失われた本能

それでは、「人間に母性本能はあるのか？」と、私自身が問われれば、私自身は「ない」と答えざるを得ない。「人間に母性本能というものはない」、「母性は文化的につくられたものである」という結論自体は間違っていないと私は考えている。しかしこれは、母性本能に限らず、その他の本能についてもいえることである。じつは、人間においては、性欲もセックスも本能によるものではないのである。ようするに、人間社会の営みというものは、何事であれ「本能」で説明できるものは何もないのである。

この点について、まず上野千鶴子の主張をみてみよう。

わたしはあるところで、「エロスとは発情のための文化的装置（シナリオ）である」と定義したことがある。この「装置」という表現には、フーコーの「セクシュアリティの近代の装置」という概念が谺《こだま》している。したがって、発情とは、自然的な行為ではなく、文化的な行為である。「エロス」をこのようにミもフタもなく定義してしまえば、「エロスとは……」を論じるいかなる「本質論」も、論者の文化的かつ歴史的な被規定性を告白する身ぶりになってしまう。フロイトがエロスを――タナトスとともに――「本能」と定義した時、「セクシュアリティの近代の装置」は作動した。「エロスの自然（＝本質）化」こそは、近代のセクシュアリティを自明視することで、その歴史的な起原への問いを封じるものだからである。

（『発情装置・エロスのシナリオ』筑摩書房）

このように、上野は「発情とは、自然的な行為ではなく、文化的な行為である」としている。ようするに、「人間の性的欲望は本能ではない」と主張しているわけだ。しかし、このような主張自体は全然新しいものではなく、すでにフロイト研究によって明らかにされていたことである。

上野は「フロイトがエロスを……『本能』と定義した」と述べているが、これは誤りである。フロイトは性欲や性愛（ようするに性に関するいっさいのもの）を本能と定義したことは一度もない。かつて、「Trieb」が「本能」と誤訳されたこともあって、カン違いする人が多かったようだが、上野がこの著述（『発情装置・エロスのシナリオ』）を出版した一九九八年の時点では、日本でもフロイトに関する研究はかなり進んでいて、まともなフロイト研究者で「Trieb」を「本能」と解釈する学者はいなかった（注＊）。それを考えると、上野のフロイト理解はかなり遅れている。ちなみに、フロイト派の精神分析学者として有名なジャック・ラカンは次のように述べている。

フロイトが「Trieb」と呼ぶところの衝動、これは本能とは全く別のものである。

（『La direction de la cure et les principes de son pouvoir』1958）

「Trieb」は、いわゆる本能とは全く異なるものである。

（『Les quatre concepts fondamentaux de la psychanalyse』1964）

フロイトのいう衝動は、本能とはなんの関係もない（フロイトの表現のどれひとつとして、この二つの混同を許すものはない）。リビドーは性本能ではない。

（『Du《Trieb》de Freud et du désir du psychanalyste』1964）

日本では、フロイト研究者の岸田秀が、その著書『ものぐさ精神分析』において、人間を「本能の失われた動物」と定義したことはよく知られている。岸田秀は次のように述べている。

……いわば、人間は、まず正常であって、何らかの異常な原因があって、あとから性倒錯者になるのではなく、逆に、まず性倒錯者であって、教育やその他の努力の結果、正常者になるのである。人間の場合のいわゆる正常な性行為は、動物の場合のように本能に規定されたものではなくて、後天的に獲得された習慣である。……

フロイド以前においては、人間の性欲も動物の性欲と同じであって、思春期ないし発情期に生じ、はじめから異性の性器との結合を求め、種族保存の目的に奉仕するものであった。種族保存に役立たない性倒錯の諸形式は、要するに「病的」現象であった。フロイドがこの常識をぶちこわした。幼児は多形倒錯的であり、思春期に至ってはじめてさまざまな（倒錯的）部分衝動が性器の優位のもとに統合されるというフロイドの主張を敷衍して言えば、動物と同じ意味での性本能は人間においては失われてしまっており、おとなのいわゆる正常な性行為が動物と同じ形式をとるとしても、人間の場合は、本能に規定されたものではなく、もともとは正常な性行為をめざしていなかったさまざまな部分衝動を素材として、あとからつくりあげた人為的な形式であるということである。

（『ものぐさ精神分析』青土社）

人間の性的欲望が本能とは異なるものであるということ、それ自体は、岸田秀によるフロイト研究のずっと以前に、すでにラカンの分析理論の大前提となっていた。しかし、人間を「本能の失われた動物」であると明確に定義した岸田秀の業績は否定されるべきではない。上野千鶴子のフロイト解釈があまりにも通俗的であるのに比べ、岸田秀はフロイトを（部分的にではあるが）正確に理解しているぶんだけ上野よりはるかに優れている。岸田秀は、独自のフロイト研究によって「人間の性は本能ではない」というフェミニズムの理論の核となる部分を見事に突いたのである。

人間は、本能を失った動物である。ゆえに、本能に代わり得るものとして築き上げたものが文化である。したがって、それが文化である以上、それは時代に伴って変化しうる。「性」や「母性」も例外ではない――というのがフェミニズムの思想の基本になる。しかし、だからといって、それは「母性」というものを安易に否定する根拠にはならない。ここからさらに議論を進めよう。

（注＊）現在では「Trieb」は「欲動」と訳されることが多い。

子育ては「他人の再生産」だという感覚

上野千鶴子は、出産・子育てについて、まず次のように述べている。

> 出産・育児のことを「他人の再生産」と喝破したのはマルクスです。『ドイツ・イデオロギー』で、この「他人の再生産」という表現に出合ったときに、私はショックを受け、そして目からウロコが落ちました。「他人の再生産」と考えれば、出産・育児に関わる多くの謎が一気に解けます。そして「他人の再生産」だから、「再生産される他人」＝子供にとっては、「再

生産する他人」＝親という他者が不可欠なわけです。

（『資本制と家事労働』海鳴社）

この文章を読んで、一般の読者はどのように思われただろうか。ここで私が感じたのは、このような文章にこそフェミニズムの特質がよく表われている、ということなのである。子どもの出産と育児は、たんに人間がもうひとりの人間を生産すること、すなわち「他人の再生産」に過ぎないという。ようするに、ここで強調したいのは、この文章に透けてみえる上野千鶴子自身の冷たい感覚なのである。こういう非人間的な感覚は、次の文章でよりいっそう明らかになる。

家族の領域は今、主夫、ハウスハズバンドというのがブームになって、『主夫と生活』なんていう本が出ているそうですが、それというのも、お父ちゃんがお母ちゃんの再生産労働を全面的に評価したら、たとえば月給二〇万円位になって、自分の稼ぎは一四万なのに、お母ちゃんに二〇万払えないということになるわけで、では現物を払ってくれということになって、夫も育児を分担しろという要求がでてきたのです。

（『資本制と家事労働』）

このように、上野によれば、子育てというものは単純に金銭に換算できる労働にすぎず、夫がそれ相応の労賃を払えないから育児を分担するようになったというのである。なんとも珍妙な説である。

内閣府の意識調査（二〇二一年）によれば、二十代の既婚者女性のうち、およそ七割が「子どもが欲しい」と答え、およそ半数が「子どもは二人欲しい」と答えている。しかも、子どもが欲しいというのは男性よりも女性の方が多い。もし育児というものが女性にとって負担すべき厄介な労働にすぎないとしたら、女性の方から子どもを熱心に欲しがるのはなぜだろうか。女性にとって、子どもを授かりたいと願うのは、子どもを育てるという行為そのものが自分の幸せにつながるからであり、夫にも育児に参加して欲しいと願うのは、子どもを育てる幸福を夫と分かち合いたいからである。単なる労働の分担を要求しているのではない。

そして、夫が子育てに関わるとすれば、それは子どもが可愛いからである。子育てそのものに生きがいを感じるからである。日本人は昔から子どもが大好きである。今でも、非常に子煩悩で、自分の子どもをなめるように可愛がる男性を、私は何人も知っている。というより、そういう男性しか知らない。

そのような男性の代表として、岡田斗司夫の意見を紹介したい。

岡田斗司夫はユーチューブでの人生相談で、次のような相談を受けた。


岡田斗司夫さん、はじめまして。二十二歳女です。私は両親が怖いです。有難いことに、私は両親に恵まれ、一人っ子ということもあったのでしょうが、愛情を一身に受けて育ちました。高校・大学と私立に行かせてもらい、欲しいものは買ってもらえる環境にあります。両親のことは大好きですし、何度も死にたいと自殺を決意したときでも、私が死んだら両親が悲しむから、と踏みとどまりました。けれど私は両親からの無償の愛が怖いです。多くのお金をかけてきたぶん、私は返さなくてはいけない、という思考になってしまいます。なるべく稼いで老後は楽をさせてあげたいと思います。そのために頑張らないと。けれど優秀な両親と違い、私は失敗ばかりです。そのジレンマからか、中学の頃からか、両親のことを考えると涙が出るようになりました。私は両親に依存しているのだなと思います。幼い頃から決断は両親のためでした。この涙を止めるには私はどうしたらいいのでしょうか。二十二歳なのに一向に親離れができません。（女性二十代ミノリさん）

これに対する岡田斗司夫の答は次のようなものであった。

良い子ゆえの悩みなんですけどね。まずですね、両親の愛を一身に受けて、こんなにお金をかけて、こんなに手間をかけてもらってるから、私は返さなくちゃいけないという、このミノリさんの前提が僕は間違っていると思うんですね。間違っているとハッキリ言えるのはなんでかというと、僕自身が育児経験があるし、他の親とも保育園の送り迎えっていうのを割とやっていたので、他の親とも話してたので、一応その親の側の代表的な意見、絶対的な正解じゃないよ。たぶん、親の意見って何種類もあるだろうけども、わりとね、あるあるパターンの話をすると、親孝行ってね、もう終わってんですよ、ミノリさん。あのね、ゼロ歳から三歳までの子どもが生き抜いたら、ゼロ歳から三歳まで生きてくれたら、もうそれで親孝行って終わってんの。それくらいゼロ歳から三歳までの子どもって圧倒的に可愛いの。親はその時点で、他の人生の経験ではあり得ないほど、いろんなことが経験できるの。なので、ゼロ歳から三歳まで生き抜いただけで、もう親孝行は全部終了。全部終わり。それ以上、もし、あんたには金かけたんだから手間かけたんだからあんたは苦労かけたんだから「ちゃんと親孝行してよ」ってもし親が言い出したらその親の言うことはもう聞かなくてもいい。親はもうすでに元金は返してもらってさらに利子を取ろうとしている悪徳高利貸しになっているから、そんな悪徳高利貸しの話はほんとに聞かなくていい。本当にゼロ歳から三歳までの子どもの可愛さは圧倒的で、それと三年間過ごす時間がもらえたという時点ですべての親は、この世界のすべての親は親孝行はもう支払い済みだから、君は気にしなくていいよ。本当にマジでそうだよ。

これは見事な回答である。この動画は大絶賛され、二三〇万回（二〇二三年九月現在）の視聴回数があり、一〇九五個のコメントが寄せられた。コメントのほとんどは「激しく同意」であるが、上位のコメントを紹介すると、次のようなものである。

よく母からの無償の愛なんていうけど、母親になった私から言わせると子供からの無償の愛の方が何倍もすごいと思う。子供がいる幸せは何物にも変え難い。本当に毎日毎日、ありがとうと子供に思います。

親になって思うことは、生きていてくれるだけで親孝行だと日々感じています。お父さんと呼んでくれるだけでまじで嬉しい。

ゼロから三歳までって言うけど、子供は何歳になっても可愛い……。だから子供を産んで育ててる時点で既にめちゃくちゃ幸せで、もうあとは子供が好きなことして平和で暮らしてほしいだけ。

三歳までで親孝行は終わってるって意見は親として本当に同意する。家に帰ると元気な子供が抱きついてくるだけなのにあれ以上の幸せな事なんてこの世のどこにもない。

涙がとまらなくなった。今月で四歳になる娘。本当に愛おしくて仕方ない。私を母親にしてくれてかけがえのない時間を一緒に過ごしてくれたこと感謝しながらこの一ヶ月を過ごします。

このようなコメントが続々と寄せられたのである。

子育ては決して「他人の再生産」などではない。子育ては愛情を必要とする行為である。子どもは可愛い、子どもが愛おしくてしょうがないという感情こそが、人間の幸福の根幹を成す。「愛」と「母性」のないところに人類の幸福など考えられない。ところが、上野千鶴子をはじめとするフェミニストは、まさしく、この根幹に関する部分を、いとも簡単にバッサリと切り捨ててしまうのである。次の文章をみて欲しい。

「愛」と「母性」が、それに象徴的な価値を与えて祭り上げることを通じて、女性の労働を搾取してきたイデオロギー装置であることは、フェミニストによる「母性イデオロギー」批判の中で次々に明らかにされてきた〔Badinter, 1980;服部、一九八六〕。「愛」とは夫の目的を自分の目的として女性が自分のエネルギーを動員するための、「母性」とは子供の成長を自分の幸福と見なして献身と自己犠牲を女性に慫慂することを通じて女性が自分自身に対してはより控えめな要求しかしないようにするための、イデオロギー装置であった。女性が「愛」に高い価値を置く限り、女性の労働は「家族の理解」や「夫のねぎらい」によって容易に報われる。女性は「愛」を供給する専門家なのであり、この関係は一方的なものである。女の領分とされる「配慮」や「世話」が「愛という名の労働a labor of love」に他ならないことを、アメリカの社会学者フィンチとグローヴズは適確に指摘している〔Finch & Groves, 1983〕。
　女性が家の中でやっている活動がどんなイデオロギー的粉飾によって表現されているにせよ、女性は彼女がそれをやらないならば誰かによって代行されるほかないような「労働」をたしかに行っている。主婦はただ、それを「愛」の名のもとに行っているのである。

（『家父長制と資本制』岩波書店）

ここには、完全に本末の転倒した発想がある。ここで最終的に問題となるのは、「何が幸福なのか」という問いである。幸福の具体像である。「愛」というものを女性から搾取するための「イデオロギー装置」と断罪してこの世からすべて排除するとしたら、この世の幸福としていったい何が残るのか。

無償の奉仕というのは、損得だけを考えれば、たしかに損である。しかし世の中、損得だけが全てではない。それどころか、無償の奉仕というのは、愛を表現するための不可欠な行為である。それがどういう形態であるにせよ、人類の幸福のためには「愛」が必要である。そして「愛」といものはみな例外なく、具体的には、無償で相手に与えたり、相手のためにつくしたりするような行為によって表現される。震災地域に対する支援活動や、募金活動や、ボランティア活動といったものも、全てそうである。

女性が「つくす」ことは、それこそが愛の表現である。もちろん、これは男性が好きな女性に対して、プレゼントをあげたり食事に連れていったりする場合も同様である。何かをしてあげて、相手が喜ぶ顔が見たい。これは単純な損得勘定ではなく、人間の幸福のかたちとして、最も根源的な部分である。

恋愛もイデオロギーだという主張

「母性」に続いて、フェミニストが激しく攻撃するのが「恋愛」である。フェミニストによれば、恋愛ですら、女性から労働を搾取するための、ひとつの罠であるらしい。田嶋陽子は、そのへんのところを非常にわかりやすく（？）説明している。

結婚が制度としてあるかぎり、なまじ、「愛」はこの制度を温存させるのに役立つだけです。女の人は、このことをきちんと自覚しておいたほうがいい。私に言わせれば、恋愛結婚ができたからよけい困ったことになった、といえます。私の祖母のころは、それまで顔も知らなかったような人と結婚させられたりしました。ですから、ドレイになり尽くしてはいたけれど、魂までは売らなかったのではないか。

ところが、恋愛して結婚すれば、女は愛の名のもとにただ尽くすだけですから、男社会にとってこんな得なことはないわけです。それでも、女にすれば恋愛結婚のほうがずっとうれしいのです。少なくとも、好きな相手を選べる。おなじドレイになるなら、おなじ尽くすなら、好きな人に尽くしたい。ですから、恋愛結婚によって結婚が楽しみになったかわりに、より搾取されやすくなったという考え方も可能です。……

おなじドレイ仕事を朝昼晩やるのでも、少なくとも好きな人のためにやるのだったら、楽しいかもしれません。しかも、ひと言でも「ああ、きみのつくった料理、おいしいね」なんて言ってもらえたら、それこそ喜んで、毎日、精をだしてしまう。おなじドレイでいるなら、ラクして楽しいドレイでいたほうがいい。男も罪の意識を抱かなくてすむ。ですから、女がガレー船の船底にいるのであれば、ほんとうは恋愛結婚ほど男にとって得なものはないはずです。

もちろん、王侯貴族とドレイとのあいだにだって愛情はあります。人間と犬とのあいだにも愛は生まれます。愛は、どこにでも、どんな状況においても生まれます。それが人間のすばらしさです。ですから、逆に言えば、愛のあるなしだけでものを考えていると、ものの実態が見えにくくなるということです。男と女とのあいだが非民主的な身分関係のままでは、愛とは支配の別名になりますし、男の甘えもまた支配の別名になります。男文化が男に仕事を、女に愛をふり分けたのは、結局、この結婚という搾取システムを存続させるためです。

（『愛という名の支配』）

上野千鶴子もまた、これと同じようなことを述べている。

さらには「恋愛結婚」のイデオロギーさえ、家父長制の罠から自由でない。ロマンチック・ラブは「父の権力」から娘を解き放つかもしれないが、その代わり「夫の権力」のもとへと、女をすすんで従属させる。恋愛の狂おしいエネルギーは、「父の支配」の重力圏からの遠心力と、「夫の支配」のもとへの自発的な自己放棄とに向けられる。どんな支配も、従属する者の内面支配がなければ完成しないが、「恋愛結婚」のイデオロギーは前近代的な拡大家族から、近代的な核家族への歴史的な転換期に、家父長制の近代的な形態を女性に自らすすんで選ばせるイデオロギー装置として働いた。

（『家父長制と資本制』）

「愛がある」と思いこんでいられるかぎり、女性はよろこんで従順な妻の役割を引きうける。「いつもすまないね、おまえ」と夫がやさしい声をかけてくれさえすれば、妻の労苦などぶっとぶ（！）のである。

（『女という快楽』勁草書房）

このように、田嶋も上野も、恋愛は女性を結婚（＝夫の支配）に向かわせるイデオロギーであると非難する。こうして「母性」も「恋愛」も「夫婦愛」も、すべてが「女性から搾取するためのイデオロギー装置」として全否定されてしまう。女性がどのように愛情をもってつくしても、それはただ「男に騙されているだけ」ということになる。

しかし、本当のところはどうなのか？「愛しているから何かをしてあげたい」のか、それとも「愛という名のもとに搾取されている」だけなのか、つきつめれば、このうち、どちらの解釈が正しいのかを、最終的に客観的に判断することなどできない。この両者の認識には、埋めようのない断絶がある。

いかなる議論にせよ、その根幹の部分で相容れなければ、相容れない。これはとことん突き詰めれば、やはり理屈や理論ではない。その人の実感である。

好きな人のために手料理をつくってあげることは、女性の大きな喜びであり、それに対して「おいしいね」とか「すまないね」とかいう感謝の言葉を述べるのは、男性からの愛情のしるしである。こうした具体的な情景のひとつひとつが、心からの実感が、幸福をかたちづくるのである。

ところが、上野は次のように言う。


……私は生理的なリアリティや実感も信じていません。どんな〝実感〟も必ずや文化的に強制されたものにちがいない、政治的につくられるにちがいないからです。

（『接近遭遇』勁草書房）


このように、上野はどのような〝実感〟も否定してしまうのである。そうなると、普通の人々は皆それぞれの実感で物事を語っているわけだから、それをことごとく否定されて、まごつくことになる。しかし、上野のこの発言は、いろいろと問題が多い。

第一に、「文化的に強制されたもの」というが、そもそも人間は文化の秩序の中でしか生きられないのであるから、それが文化的な産物であることを理由に「信じない」と言われれば、この世に信じられるものなど何もなくなってしまう。「信じる」も「信じない」も我々には文化しかないのだから。したがって、上野のいうことはそれ自体がナンセンスである。

しかも、そういう上野自身が自己の体験に基づいた〝実感〟で物事を語ることが非常に多いのである。ただ、上野はそれをあたかも万人に通用する一般論であるかのような口調で語るので、うっかりすると騙されてしまうのである。

ようするに、相手の言うことは個人の〝実感〟だと言って切り捨て、自分の言うことは（それが自分自身の実感にすぎないにもかかわらず）一般論として押し付ける――これが上野の基本的な戦術（？）となっているのである。

このようにして、「母性」も「恋愛」も「夫婦愛」も、そのすべてが女性を搾取するためのイデオロギーとして否定され、そこから生じる幸福の〝実感〟も否定される。何もかも捨て去ったうえで、ただ、唯一「フェミニズム」なるイデオロギーを信仰しなければならないというのである。なんともバカバカしい話である。

遅れてきたポストモダン

上野千鶴子らフェミニストの主たる戦略は、恋愛やエロスといったものが、すべて人為的に仕組まれた物語（フィクション）であるということを強調することであった。すなわち、「エロスは発情のための文化的装置」とか「ロマンチック・ラブ・イデオロギー」とかいった文句は、上野が異性愛を批判する際の決まり文句になっている。

しかし、「物語」だの「装置」だの「文化」だの「歴史化」だの「イデオロギー」だのといった論じ方は（どれも似たようなものだが）、せいぜいポストモダンの流行った一九八〇年代頃までしか通用しなかった。

一九九〇年代になると、すでに、そうした「物語」論は古くなり、フロイト＝ラカンの研究が急速に進んできた。そして、物語（すなわち言語空間）の発生するメカニズムが精密に研究された。この頃には、もはや、それが物語であること自体は当たり前になっていて、物語しか存在しないということになっていた。

つまり、「恋愛」が物語というなら、「フェミニズム」や「女性解放」といった謳い文句も、やはり物語なのである。この世には物語しか存在しないのだから、いまさら「それが物語だ、装置だ、文化だ」なんてことを指摘したところで、ちっとも新しいことを言ったことにはならない。ここで重要なのは、それが物語であるということ、それ自体にあるのではなくて、「女性解放」という物語が、大部分の女性にとって何の魅力も感じられない、ということにあるのである。だからほとんどの女性は「恋愛」という物語から一歩も出ようとしなかった。

ようするに、フェミニストたちは「女性解放」を盛んに叫ぶが、そのようなスローガン自体は、具体的な「幸福のかたち」をなんら示していない。「解放」された挙句に、フェミニストの描く具体的な未来像とはいったい何なのか。これについて、上野千鶴子はこんなことを言っている。

それがどんな未来なのかを、わたしに聞かないでください。マルクス流に言うなら、「ありうべき社会における理想の関係についてわたしは語ることができない。なぜならわたしはこの性差別社会ですでに性別社会化を受けてきたせいで、わたしの想像力はこの地平を超えることができないから」とでも答えましょう。実のところ、わたしは「フェミニストの考える理想の男女関係とはどんなものですか」という問いにずいぶん悩まされているのです。こんな問いは、オルターナティブが目に見える選択肢として目の前になければ一歩を踏み出すこともできない保守性と、自分のあたまで考えようとしない知的怠慢のあらわれにすぎないのですが。

（『発情装置』エロスのシナリオ）

これは詭弁である。「知的怠慢」なのは上野千鶴子の方である。そもそも、「一歩を踏み出す」などと、いったい誰が望んだだろうか。誰も望みもしないのに、あなたが勝手にやり始めたことではないか。あなたが勝手にやり始めた以上、「この地平を超える」ことはまさしくフェミニストである上野自身の責任ではないか。すでにある男女関係を破壊するということだけが自分たちの仕事で、破壊した後の責任をとるのは自分たち以外の人間だなどと、そんなバカバカしい言い草に誰が納得するだろうか。

じつのところ、上野千鶴子が具体像を描けないのは、はっきりとした理由がある、それは、上野の根底にあるものが破壊的欲望でしかないからである。

「ありうべき社会における理想の関係」――このような、なんら具体性のない漠然としたユートピアへの願望は、じつはそれ自体が破壊的欲望の裏返しにすぎない。この世の社会は全て根本から間違っている。だから、まずそれをぶち壊さなければならない――すなわち、「世界の何もかもが破壊された挙句に、より純粋な世界がもたらされるだろう」という願望には、常に狂気的な破壊への衝動が隠されている。それは、かつて革命なるものを目指した左翼活動の多くが、実際の行動としては暴力や虐殺やテロリズムでしかなかったことでもわかるだろう。それは現実には破壊しかもたらさないのである。おそらく、フェミニズムの結末もそうである。それは、今ある男女関係の徹底的な破壊しかもたらさないのである。

第四章　「専業主婦」論争

　フェミニストたちが、その運動の中で最も大きな攻撃目標としてきたのは、家庭での男女の役割分担である。いくら男女平等が当たり前のように言われる世の中になったとはいえ、現実には、「夫は外に出て働き、妻は家にいて家事を負担する」というパターンはいまだに多い。このように、職業労働を夫に任せ、自分はひたすら家事にのみ専念するような女性を「専業主婦」というが、この専業主婦という地位は、長い間フェミニストたちの激しい攻撃にさらされてきた。

　それでは、フェミニストが専業主婦を攻撃する理由は何か。あくまでフェミニストの視点から考えてみると、それは主に三つある。

　そのひとつは、専業主婦が行っている家事というものが不払い労働（アンペイドワーク）であるということである。普通、家事には賃金が支払われない。したがって、フェミニストに言わせれば、専業主婦というのは賃金の支払われない家事労働者であって、男どもによってその労働力を搾取されている奴隷のような存在なのだという。ようするに、専業主婦というのは、男性支配の世の中において、女性を家庭に縛り付け、「ただ働き」をさせるという、男性にとって都合よく仕組まれた制度だということになる。

そして二つめは、女性は専業主婦になることによって、家の外での活動をほとんど断念しなければならない、ということである。ごく一般的にいって、掃除・炊事・洗濯といった家庭での仕事は、付加価値が低く、生産性の低い仕事である。これらの仕事をどんなに完璧にこなしたところで、莫大な収益に結び付くということはない。にもかかわらず、女性はこのような付加価値の低い仕事に縛り付けられることによって、より付加価値の高い、独創的な仕事に就く機会を奪われてしまう。一方、男性の方は、家事労働をすべて女性に押し付けることによって、外でいくらでも活動できる。医師になるのもよし、弁護士になるのもよし、あるいは企業戦士として存分に仕事に専念できる。いずれにせよ、男性の方は自由に職業を選択できるし、それによって付加価値の高い仕事を得て、大きな収入を得ることもできる。ところが、女性は専業主婦になることによって、こうしたことをいっさい断念しなければならない。これではあまりに不公平である。

そして三つ目は、以上二つのことから必然的に導かれる結果として、女性は男性によって経済的に支配されてしまうということである。女性は専業主婦としてただ働きさせられたうえに、いつまでたっても経済的に自立できない。経済的に自立できなければ、男性の意志の下に服従し、男性の一方的な支配を受けざるを得ない。したがって、専業主婦というものは、この世の中で男性の優位を存続させている最大の元凶だということになる。

以上のような、フェミニスト側の主張をみれば、たしかに専業主婦というのは、女性にとって好ましくないと思われるかもしれない。しかし、以上のような議論は、あまりに経済的な側面に偏りすぎていている。しかもそのうえ、それが経済的な議論だとしても、かなり雑な議論である。その理由のいくつかを、以下に述べたいと思う。

専業主婦は奴隷なのか？

まず最初に、「家事は不払い労働である」という点を考えてみよう。厳密に言えば、専業主婦の家事労働というのは、まったく不払いというわけではない。なぜなら、主婦は夫から分け前をもらっているからである。もう少し正確に言えば、そもそも妻と夫を別々の経済主体と考えることはできない。消費や財産を共有しているからである。

妻は夫と「家」や「車」や「食べ物」など、基本的な財を共有しているから、夫とほとんど同じ消費生活をすることになる。夫が贅沢な生活をすれば贅沢も共有するだろうし、ときには装飾品や洋服を買ってもらったり、旅行やイベントに同伴することにもなる。したがって、単純に損得勘定だけを考えれば、専業主婦というのは決して割りの合わない身分ではない。だからこそ、現実には、高収入の男性と結婚して自分はその専業主婦になりたいと考える女性はいまだに少なくないわけである（注＊）。

（注＊）ソニー生命の調査（二〇二二年）において、職をもつ女性に「本当は専業主婦になりたいか」という質問をしたところ、「そう思う」が三三・一％であった。とくに二〇代女性では四三・二%にのぼった。

しかしながら、「女性は搾取されている」というフェミニズムの主張からすれば、戦略上、フェミニストは何が何でも「専業主婦は不利なのだ」ということを強調しなくてはならない。そのひとつの方法は、主婦の仕事を非常に過大に評価するということである。

フェミニストに言わせれば、主婦の家事労働というのは、夫が外で働くのと比較しても、非常な重労働だという。家事労働を賃金で換算すれば、夫の収入を上回るのだ、というような極端な主張さえある。たとえば田嶋陽子は次のように述べている。

女の人の家事労働代は、一九八六年には月四十万だと言われましたが、現在はちゃんとやれば月七十万円だとも言われています。……

男はなにかと言えば、「だれが養ってやってるんだ!」と言って怒ったりどなったりしますが、女が家のなかでやっている目に見えにくい細かな労働は、ふつうの男の人の月給では支払いきれない金額になっているのです。

(『愛という名の支配』)

ここでまず、最初に言っておきたいのは、「だれが養ってやってるんだ!」というこの種の文句は、むしろフェミニスト側の常套句だということである。フェミニストの議論には、こうした野蛮な男性が度々登場するが、実際には、どれだけの男性がそんなことを言っているのだろうか。この点について、一九九九年に内閣府による調査が行われているが、それによれば、「誰のおかげで生活できるんだ」等と言われたことが、どれだけあったかというと、次のようになっている。

「何度もあった」　四・四％
「一、二度あった」　一一・五％
「まったくない」　八〇・三％

つまり、このデータを見る限りでは、「男はなにかと言えば、『だれが養ってやってるんだ！』と言って怒ったりどなったりします」という田嶋の主張は、ほとんどの男性には当てはまらないことがわかる（注＊）。

（注＊）なお、総務省統計局「労働力調査特別調査」によれば、一九九九年においては専業主婦の割合は世帯の四八・二％で、共働きが五一・八％であるから、このことを考慮しておかなければならない。

それからもう一つ、田嶋陽子は妻が夫に経済的に支配されているがゆえに、あたかも妻の方が一方的に言いなりになる奴隷であるかのような言い方をしているが、これも現実と合致しない。

たとえば、家のお金の管理について、夫と妻のどちらがお金の管理をしているのか検索してみると、じつに多くのデータが出てくる。

たとえば、マイナビ・ウェディングというサイトでは結婚五年以内の一九〇組の夫婦について調べているが、共稼ぎの夫婦の場合では、

「妻が管理」　四七・四％
「夫が管理」　一五・三％

専業主婦（あるいは専業主夫）の場合では、

「妻が管理」　六二・五％
「夫が管理」　二六・二％

いずれの場合も、財布のひもを握っているのは妻の方なのである。しかも、専業主婦の方が、妻が財布のひもを握っている割合が高い。

似たようなデータは他にいくつもある。ボーダーレスジャパンという会社の調査（二〇二一年）によれば、

「妻が管理」　四一％
「夫が管理」　一一％

ダメニーというウェディング事業会社の調査（二〇二二年）では、

「妻が管理」　四四・九％
「夫が管理」　一八・八％

株式会社クロス・マーケティングの調査（二〇二二年）では、

「主に妻が管理」　五〇・〇％
「主に夫が管理」　一九・〇％

このように、どのような調査をみても、財布のひもを握っているのは妻であることの方がはるかに多い。ということは、つまり、「稼いでくるのは夫」で、「稼いだカネの使い道を決めるのは妻」なのである。これでは、こき使われているのはどちらの方だかわからない。フェミニストのいう「専業主婦＝奴隷」という説は、まったく実情からかけ離れているのがわかる。

家事労働に賃金の基準はあるか？

次に、「家事労働代が月七十万円にもなる」という主張について考えてみよう。この主張も非常に無理がある。というより、家事労働を単純に賃金に換算するというやり方自体に無理がある。なぜなら、家事労働と一般の会社の職業労働とでは、本質的な相違があるからである。

一般の会社の仕事というのは、顧客が相手だから、その仕事の内容には顧客の評価があるし、企業間の競争がある。仕事の質が悪ければ、顧客から厳しいクレームがつく。最悪の場合は顧客を逃す。もちろん、このことは賃金に響くし、昇進にも響く。だから仕事に手を抜けない。仕事にかかるプレッシャーはたいへん大きいといえる。

一方、家事労働ではある程度、手抜きが許される。家事労働というのは、その点、上から下まできわめて自由度が高いのである。掃除をするにしても、家の中の隅から隅まで、毎日ピカピカに磨き上げれば、たしかに重労働である。しかし、普段は電気掃除機だけでさっさと済ます人が多いのではないだろうか。料理をするにしても、毎晩の献立をレストランのフランス料理なみに凝ったものにすれば、たしかに手間がかかるし、重労働である。しかし、現実には、そこまでする主婦はそんなにはいないだろう。

ようするに、家事労働というのは、楽をしようとすれば、楽ができる仕事である。四角い部屋を丸く掃く。そして、毎晩のおかずはスーパーの惣菜コーナーで出来合いのものを買ってくれば、相当に楽である。とくに最近のスーパーのおかずは種類も豊富だし、味もいい。電子レンジでチンするだけでOKというのも沢山あって、ほとんど調理に手間がかからない。これだとほとんど労働ゼロである。もちろん、多くの主婦は真面目に家事をこなしているとは思うが、これには個人差がある。この点、真面目な女性と結婚した男性はラッキーだが、怠け者の女性と結婚した男性は不運と嘆くしかない。まあ、文句のひとつは言うだろうが、離婚するほどの理由とはならないから、しょせんあきらめざるを得ない。いずれにせよ、顧客による評価がないのだから、家事をどこまで真剣にやるかは、主婦次第なのである。こうした家事労働の特殊性から言えば、それに対して単純に画一的に賃金をはじき出すのは間違っている(注＊)。

(注＊)なお、上野千鶴子は、「働く主婦は家事と仕事で負担が二倍」という単純な発想をしているが、もちろんそんな発想は現実には成り立たっていない。総務省統計局の平成十八年の調査では、共働き世帯の場合、夫の労働時間の平均は「仕事」七時間五十四分、「家事」二十五分、トータル八時間十九分。妻の労働時間の平均は「仕事」五時間十八分、「家事」三時間三分、トータル八時間二十一分、となっていて、トータルの労働時間はほとんど変わらない。

それでは、家事労働を真面目にこなすということを前提として議論したならば、どうだろうか？たとえば、家政婦のように、実際に家事労働で賃金をもらっている人がいる。家政婦には顧客が存在するし、顧客から仕事の出来具合を評価される。したがって、家政婦に対する労働賃金は、家事労働の価値を算出する際の基準になるのではないか――しかし、それもまた疑問である。

というのは、家事労働というのは、どうしてもやらざるを得ない場合には、自分でやってやれない仕事ではないからである。家電製品が発達した現在、家事労働というのは、それほどの重労働ではなくなった。掃除や洗濯などは、男がやってどうということはない。掃除が行き届かずに部屋の中が汚くなることはあるかもしれないが、これは自分が我慢しさえすればいいことである。食事も簡単な献立なら作れないということはない。面倒なら外食ですませることもできる。だから、たとえ独身男性のサラリーマンでも、家事のためにわざわざ家政婦を雇うなんてことはまずしない。つまり、一般には、カネを払って人を雇うよりも、多少の不便は我慢して自分で家事をやることの方を選ぶのである（注＊）。

（注＊）家事を自分でやらずに家政婦を雇うというのは高所得者の贅沢といってよい。二〇一一年のトレンド総研の調査によると、家政婦を利用したことのある家庭は年収八〇〇万以上で一五％、年収八〇〇万未満で三％だった。

「男は子育てを放棄している」という議論

しかしながら、主婦の労働とされるものの中で、突出して重要なものがひとつある。それは「子育て」である。掃除・炊事・洗濯は、家電製品の発達によって省力化が進んでいるし、ある程度手を抜いても、それほど深刻な問題とはなりえない。ところが育児はそうはいかない。育児に関しては、電化することはできないし、適当に手を抜くこともできない。

だからこそフェミニストは、この点を見逃さないわけである。もし乳・幼児期の子育てを母親だけに任せるとすれば、母親は、それにかかりっきりにならなければならない。母親にとって大きな負担となる。そこでフェミニストは「男は子育てを放棄している」と非難する。これまたフェミニストの常套句なのだが、はたしてどうだろうか。

第一に、この「男は子育てを放棄している」とか「男は家庭を顧みない」とかいう紋切り型の主張は、現実をどれだけ反映しているのか、非常に疑わしい。もちろん、男が外で働いている以上、女性よりも子どもに接触する時間は短いわけだが、しかしそれでも、自分の時間の許すかぎり、できるだけ子どものためにつくしている男親はいくらでもいる。私の知る父親の多くは本当に子煩悩である。子どもの喜ぶようなものをわざわざ探して買い与え、休日には野球の試合に連れていき、子どもの所属する少年サッカーの試合には必ず観戦しに行く。なかには、子どもをほったらかしの父親もいるかもしれないが、それはそういう父親が個人的に非難されるべきであって、「父親一般」の実像ではない。多くの父親は、自分の時間の許すかぎり、子どもを可愛がっているというのが私の印象である。

このことは、データ的にも裏付けられている。ネットエイジアの調査（二〇二三年）では、十五歳～十九歳の男女一〇〇〇人のうち、「父親が好き」と答えた割合は七八・九％だった。父親に対するイメージとしては、「親しみやすい」（七四％）、「頼りがいがある」（七五％）などが挙げられている。

また、株式会社アイ・エヌ・ジーの調査（二〇二一年）によると、女子高生一〇〇人のうち、「お父さんが好き」と答えた割合は八二・〇％であった。好きな理由の第一位は「優しいから」、第二位は「相談にのってくれるから」となっている。

ようするに、本当に重要なのは、子どもを思う愛情の深さであろう。働いていても、愛情があれば子どもに幸福感を与えることは可能だし、逆に愛情がなければ、子どもと接触している時間がどれだけ長かろうと、まったく意味がない。何が何でも「最初に育児分担ありき」という議論は、どこか歪んでいる。

フェミニストが「男は子育てを放棄している」と非難する場合、そういう本人が子どもに対する愛情を有しているのか、非常に疑問である。そもそも育児を単なる労働としか見なさず、「子どもは可愛い」と感じることのできないような人間が、単純に子育てを等分に負担しないからといって、それを非難するのはおかしい。ようするに、フェミニストの主張の裏にあるのは、子どもに対する愛情ではなくて、「子育て」という「労働」を等分に負担しろ、という「平等思想」に基づく要求にすぎない。そういうイデオロギー優先の冷たい感覚こそが、問題とされるべきなのではないだろうか。

何が幸福なのか

もう少し話を進めよう。

よく、「人それぞれに違った生き方がある」とか「人それぞれに違った価値観がある」とか言われる。それはそうかもしれない。

しかし、人間というのは、「何が幸福なのか」ということの〝実感〟を誰かと共有できなければ、生きていけない。人と交流することのない、互いに幸せの〝実感〟を分かち合うことのない「自分だけの幸福」なんてものは、あり得ない。幸福というのは、人と交流し、幸せの〝実感〟を分かち合うことによって生ずるのである。

ゆえに、「何が幸福なのか」という、この部分で食い違ってしまえば、表面上、どのような議論を積み重ねたところで無駄である。すなわち、「子育ては労働にすぎない。女性にとっての足枷にすぎない」というフェミニストの主張に対しては、根本的に容認できる人と、できない人がいる。この場合、両者は表面上の議論をいくら繰り返しても、互いに納得のできる結論に達することなど、まずありえない。

したがって、フェミニズムについて議論する場合、表面的なことをくだくだしく議論するより、一気に核心をついた議論をしたほうがいい。つまりそれは、フェミニストにとって「何が幸福なのか」という問いである。

フェミニストにとって、何が幸福なのだろうか？　もちろん、抽象的な議論の上では「女性の解放」だとかいうわけである。フェミニストは、「男権支配の世において、女性は抑圧されている、虐げられている」という。そこから女性を解放し、自立させることこそが、女性の真の幸福につながるのだという。しかし、それが「抑圧」であるとか「虐げられている」とかいうことを、誰がどうやって判断するのだろうか？

たとえば、辻希美さんのように、好きな男性と結婚し、小さな平和な家庭を築いている女性がいるとする。その女性は夫に自分の手料理を食べさせることが何よりも幸福であり、子どもの世話をすることに何より生きがいを感じているとする。すると、フェミニストたちはそれに対して、「そんな幸福はニセモノよ！」という。「あなたは騙されているのよ！　男権支配の中にまるめ込まれているのよ！」という。

フェミニストたちは、これまで夫に手料理を作ってあげていた女性にむかって、「これからは料理を交代にしなさい」と命じる。そして、「子育てを幸福だと感じてはいけません。あなたは騙されているのです。育児は労働にすぎないのです。夫にも同等に負担させなさい」と説得する。このようにして、フェミニストたちは、この女性を「目覚めさせる」ことに成功したわけである。こうしてフェミニストたちは、この女性の幸福（だと思っていたもの）をメチャクチャにしたあと、

「私たちがあなたを悪い夢から覚まさせてあげたのよ。これからは、自分の本当の幸せをみつけるのよ」と命じる……。しかしながら、こうやって、これまでの幸福を粉々にしたあと、得られる幸福とは一体何か？　フェミニストの描く具体的な幸福とは何なのだろうか……？　「そんなものは具体的にはわかりません」とフェミニストは言う。そして「新たな幸福は、貴方たちが自立してから、貴方たちの個人個人で見つけるべきです」とフェミニストは言う。

しかしながら、ここで逆に問いたいのは、「それでは、あなた方フェミニスト自身にとっては、個人的に、具体的に、何が幸福なのですか」ということである。実際、彼女らは幸福な生活像を具体的に描いて示すことができない。かりに「自分は自分だけで幸せだ」と主張するのなら、「それじゃあ、あなたたちだけで勝手に楽しんでなさい」と言いたい。現に家庭の幸福を楽しんでいる人々にむかって、横からその幸福をぶち壊す権利はフェミニストにはないのである。

第五章　女性にとって結婚とは何か（1）

フェミニストの多くは、女性が結婚して家庭を持つことに対して否定的である。上野千鶴子は、結婚について、次のように定義している。

　結婚について、わたしはすでにいろんなところで言ったり書いたりしてきましたから、次のわたしの定義をすでに知っているひとは多いかもしれません。
「結婚とは、自分の身体の性的使用権を、特定の唯一の異性に、生涯にわたって排他的に譲渡する契約のこと」と。
　自分で書いていても、おぞましい定義です。文面から見ても、実にぶきみな契約です。とても守れそうもありません。守れないお約束ならやらないほうがまし、というシンプルな理由で、わたしはこのお約束をしたことがありません。それなのに、こういう人間ワザとは思えないお約束を、しかも神サマの前でする男女が絶えないとは。

（『限界から始まる』幻冬舎）

これはかなり珍妙な定義である。結婚が「おぞましい」のではない。上野の結婚に対する考え方が「おぞましい」のである。

「性的使用権を譲渡する契約」というが、そもそもセックスというのは自分の身体を相手に「使用」させることなのだろうか。これではまるでモノ扱いである。

となると、女性の身体は男性によって一方的に使用されるモノに過ぎないのだろうか。あるいは、男性の身体は女性によって一方的に使用されるモノに過ぎないのだろうか。

このような上野の発想からすれば、女性の身体の性的使用権の対価としてカネが支払われれば、それは売春であり、生涯にわたって排他的に使用権を与える契約を結べば、それは結婚ということになる。つまり、結婚は生涯にわたる排他的な売春契約ということになる（これを上野は「終身契約専属主婦売春」などといっている）。

しかも、このような発想は「おぞましい」というだけでなく、結婚の定義としてあまりにもお粗末である。たんに男女が性的関係を結ぶという側面しかみていない。

結婚にはセックス以外にどういう意味があるのか。これについて考える場合に、ここで意外と参考になるのが同性婚についての議論である。

なぜ同性愛者は結婚したがるのか

現在、同性婚を認めるかどうかが議論になっているが、そもそも同性愛者はなぜ同棲するだけでは満足しないだろうか。なぜ結婚したがるのだろうか。ここで、同性婚に賛成か反対かという議論はとりあえず抜きにして、同性愛者が結婚を熱望することの理由を調べてみると、結婚するということには、だいたい次のようなメリットがあるという。

(一) パートナーと実子または養子の共同親権を持つことができる
(二) パートナーが命に係わるような時に家族として側にいることができる
(三) パートナーと死別、また離婚した場合には財産の相続や財産分与請求ができる
(四) パートナーが外国人の場合、配偶者ビザを申請できる
(五) パートナーの緊急時に医療行為についての同意ができる
(六) 税の優遇措置や社会保障が受けられる

当然のことだが、このような結婚のメリットは、そっくりそのまま従来の異性結婚に当てはまる。つまり、同性愛者が結婚を熱望する理由を探ることによって、あらためて結婚の意義が明らかになるわけである。

異性愛か同性愛かにかかわらず、好きな相手ができると、一緒に暮らしたい、寝食を共にしたいと願う。しかし、二人で共同生活を送るということは、たんに肉体関係を結ぶということだけではなく、それに伴って様々な実生活における要求が新たに生じてくる。パートナーに子どもがいる場合は、自分もその子どもの養育者になりたいと思うだろうし、パートナーと死別するときは最期を看取りたいと思うだろうし、あるいは自分の死後はパートナーに財産を譲りたいと思うようになるだろう。したがって、そのために法的に定められた関係を結ぶのが結婚だということになる。

実際、上野千鶴子自身が色川大吉氏との婚姻届けを出していたことが週刊誌によって報じられた。上野は長年、色川氏の介護をしており、色川氏が亡くなる直前に婚姻届けを出したのである。この経緯について、上野は婦人公論（二〇二三年四月号）において、次のように説明している。

介護は長期化し、衰えは目に見えるようになった。色川さんとはかれの死亡後のことを何度も話し合った。わたしは赤の他人、死亡届を出すこともできない。各種の手続きや相談に家族が優先されることは骨の髄まで身に沁みていた。介護期間中にかれの資産管理をし、預貯金を解約し、口座をひとつにまとめるなどの手続きをするたびに、窓口の担当者に「ご関係は？」と聞かれた。「友人です」と答えても通らない。窓口担当者が本人に電話をかけて直接確認をとることもあった。さんざん面倒な思いや、いやな思いをしたあとで、これは家族主義の日本の法律を逆手にとるしかないと思い至った。

これが、婚姻届けを出した理由だというのである。

ここで、窓口の担当者の反応は当然というべきだろう。赤の他人にそう簡単に本人の資産管理させるわけにはいかない。悪意をもった人間が介護を装って資産を奪い取ろうとするかもしれないからである。こんなことは言うまでもない。

そこで、上野は「家族主義の日本の法律を逆手にとるしかないと思い至った」というのだが、これまた言うことが珍妙である。これは逆手にとっているのではない。完全に日本の法律（婚姻制度）の目的に沿ったものだ。非常に親しい異性同士が互いに互いの面倒をみたいと思った場合、それがやり易くなるように、双方の合意のもとに、社会関係や利害関係を共有させ、その関係を法的に固定させるのが結婚なのである。結婚は、たんなる性的関係の固定ではない。上野自身、自分が一緒に付き添ってあげたいという人間ができて、はじめてそういう当たり前のことに気が付いたのである。

結婚は女性にとって男性とは異なった意義をもつ

上野千鶴子が結婚に関して述べた部分をもうひとつ紹介したい。

「結婚とは、死にまで至る恋愛の完成である」

わたしはこのフレーズを「踏み絵」にして、いくつかの女子大でテストしたことがあります。これを聞いて「グッ」とくるか、「ゲッ」となるか、と（笑）。このテストは、ロマンティック・ラブ・イデオロギーがいまだに再生産されているかどうかを検証するリトマス試験紙になります。大学によって違いがありました。某国立女子大（すぐにわかりますね）では、「グッ」とくる女子と「ゲッ」となる女子がおよそ半々、某私立女子大では「ゲッ」となる女子が多数派でした。性規範は、世代によっても階層によっても、違います。

（『限界から始まる』）

もし好きな人ができたのであれば、その人との結婚が「死にまで至る恋愛の完成である」というのは、誰にとっても、それが理想ではないだろうか。

しかし、きわめて現実的な話をすれば、結婚が恋愛の完成ではないというのは、今さらのような話である。

異性婚が同性婚と異なるのは、恋愛感情が必ずしも結婚の理由にはならないということである。同性婚の場合は、わざわざ同性同士がくっつくわけだから、そこにはよほど特別な理由がなければならない。すなわち恋愛感情の有無が結婚を決める大きな条件となる。ところが、異性同士の場合は、そこに恋愛感情がなくても結婚する場合がままある。ようするに、それほど強い恋愛感情は感じていなくても、結婚すること自体が目的だから結婚するという場合はあるのである。とくに、女性は結婚に対して男性とは異なる特有の意義をもつ。

たとえば、若い女性のホンネについて書いている鈴木涼美の著述を読むと、女性の場合、学歴や就職においてエリートコースを歩み、キャリアウーマンとして十分な収入を得ても、ただそれだけでは人生の成功者とは見なされない。女同士の間では、学生の頃は適当に遊んで、就職したらバリバリ働いて、最終的にはそこそこの相手と結婚して可愛い子どもを得たものこそが羨望の眼差しでみられる。あくまで「結婚が人生のゴール」なのである。よって、一般には、結婚を迫るのが女、セックスだけして結婚から逃げるのが男という話が多い（注＊）。

だが、それはなぜなのか。なぜ女性にとって結婚ということが男性とは異なった意義をもつのか。その明確な答えを得るのは結構難しい。もちろん、本書ではその答えを出すつもりだが、それに至るまでの議論は長い。その出発点として、まず原始社会における結婚制度の話から始めたい。ここで触れたいのは、トーテミズムにおける婚姻規制についてである。

（注＊）参考までに述べておくと、内閣府の二〇一四年の調査では、「結婚の意思あり」と答えたのは、二十代の女性で八六・〇％、二十代の男性では七八・〇％であった。二〇二一年の調査では、二十代の女性で六四・六％、二十代の男性で五四・四％と激減している。この種の調査は他でも行われており、たとえば、株式会社リブセンスの二〇二一年の調査では、「いずれ結婚するつもり」と答えたのは二十代の女性で七三・六％、二十代の男性で七〇・五％となっている。

ムルンギン族の結婚規則

トーテミズムというのは、ニューギニアやオーストラリアなどに住む原始的な種族が、ある種の動物や植物を自分たちの氏族の象徴にしていることをいう。トーテミズムにはいくつかのタブーがともなうのが普通であって、その主たるものは次の二つである。

（1）その血族のトーテムとなっている動植物は殺したり食べたりしてはならない。

（2）同じトーテム集団の内部における婚姻を禁止する。つまり、「ワシ」のトーテムの男性は同じ「ワシ」の女性と結婚してはならず、他のトーテム（例えば「カワウソ」）から結婚相手を見つけなければならない。

ただし、トーテミズムの形態はじつに多様であり、これを一般化して論ずるのは非常に難しいとされている。よって、必ずしも以上のようなタブーが当てはまらない場合もあるが、まず必ずと言っていいほどみられるのが「同じトーテム集団の内部における婚姻を禁止する」という、いわゆる外婚制である。

構造人類学者のクロード・レヴィ＝ストロースは、いくつかの種族のトーテム集団の婚姻規制に注目し、その詳しい分析を試みた。それによれば、その婚姻規制は複雑に入り組んだ規則から成り立っており、これらの種族がとても文明とはいえないほどに原始的な生活を営んでいることを考えると、まったく意外なほどである。

その一例として、オーストラリアの原住民、とくに有名なムルンギン族の婚姻規制を取り上げてみよう。この型では、トーテムは四つのセクションからなる二つの半族、つまり合計で八つのセクションに分かれている。

それらをたとえば、「カワウソ」、「アライグマ」、「イタチ」、「アザラシ」の四つからなる半族、そして「カササギ」、「インコ」、「ツバメ」、「イヌワシ」の四つからなる半族、計八つのセクションからなるとしてみよう。すると婚姻規制は以下のようになる。「カワウソ」の男は一方の半族に属する「カササギ」の女と結婚できる。「アライグマ」の男は一方の半族に属する「インコ」の女と結婚できる。同様にして、「イタチ」の相手は「ツバメ」となり、「アザラシ」の相手は「イヌワシ」となる。

そして、次の世代になると、男子の婚姻規制は変更を受ける。すなわち、「カワウソ」の相手は「インコ」となり、「アライグマ」の相手は「カササギ」となる。「イタチ」の相手は「イヌワシ」となり、「アザラシ」の相手は「ツバメ」となる。そして、次の次の世代（孫の世代）になると、婚姻規制はまた元に戻る。すなわち、一世代ごとに、婚姻規制は二つのパターンが交代する。

さらに、以上のような婚姻規制によって生まれた子どものトーテムは、母親のトーテムに応じて決められる。たとえば、母親が「カササギ」ならば子どもは「アザラシ」となり、母親が「インコ」なら子どもは「イタチ」になる。「ツバメ」なら「カワウソ」となり、「イヌワシ」なら「アライグマ」になる。

さて、こういう具合にムルンギン族の婚姻規制を述べたてても、一般の読者の方はなんのことやらサッパリわからないだろうけれども、これには非常に精密な規則性があり、数学者のアンドレ・ヴェイユが、このような規則性を数学の群論（2を法とする剰余類の4次の可換群）で表現できることを示したことはよく知られている。

しかし、このような婚姻規制の特徴は、たったひと言で表現することもできる。それは、このような婚姻規制に基づいて実際に家系図を描いてみるとわかるが、ムルンギン族のあらゆる男性は、交叉イトコ、それも母親の兄弟の娘としか結婚できない、ということである。

ここで交叉イトコについて述べておくと、イトコには平行イトコと交叉イトコがあり、平行イトコは父の兄弟あるいは母の姉妹の子、交叉イトコは父の姉妹あるいは母の兄弟の子のことである。トーテミズムの婚姻規制では平行イトコと交叉イトコは厳格に区別され、オーストラリアの原住民には交叉イトコ婚が定められていることが多く、とりわけ「母の兄弟の子」との結婚が定められている場合が多い。

なお、ヴェイユの設定した可換群を用いて演算すれば、「父の姉妹の子」との婚姻が禁止され、「母の兄弟の子」のみが許されることが導かれる（注＊）。

（注＊）それでは、なぜ「母親の兄弟の子」なのか。その理由は何か。これを「女性の交換」というよく知られた視点から捉えてみると、「母親の兄弟の子」との交叉イトコ婚の場合は、A↓B↓C↓D↓……という長いサイクルの交換となり、「父の姉妹の子」との交叉イトコ婚の場合はA↓B↓A↓B↓……という短いサイクルの交換となることが知られている。

さて、こうした婚姻規制を設ける意義は何かということも議論の対象となっているが、それにもまして不思議なのは、このような婚姻規制が当人たちにとって無意識のうちに定められているということなのである。つまり、ムルンギン族は、このような複雑な婚姻規制を意識的に計画して定めたというわけではないのである。レヴィ＝ストロースによれば、ムルンギン族などの原住民に婚姻規制の理由を直接問うても、彼らの答えというのは、いつも決まって「神々の命令だ」とか「古くからの先祖の言い伝えだ」とかいう迷信的・神話的な答えばかりに終始するのが常であって、ちっとも参考にならないという。ごくまれに、合理的な解釈らしきものを聞きだすことができたとしても、それは後で無理にこじつけたものであることが判明してしまうという。このように、複雑に入り組んだ婚姻規制を本人たちも意識することなく正確に実行しているというのはじつに驚くべきことである。

象徴界の形成

このような原始社会の婚姻規制について、精神分析学者のジャック・ラカンは、レヴィ＝ストロースを出席者として迎えて行われた一九六四年のセミネールにおいて、次のように述べている。

> ここに出席していらっしゃる方々の大部分は、「無意識はランガージュ（言語活動）として構造化されている」と私が主張したことについて、いくらかご存じでしょう。……このことを、確実に科学的といえる水準で具体化されたもの、つまりクロード・レヴィ＝ストロースが探求し、構造化し、練り上げたあの分野、そして彼が『野生の思考』と名づけたあの分野によって明らかにしていきましょう。……
>
> 人間に固有な関係が成立する以前に、いくつかの関係がすでに決定されているのです。それらの関係は、素材として自然が提供してくれる全てのものから得られます。素材とは、つまり対置というテーマにしたがって並べられた素材のことです。自然はシニフィアンを提供するのです。そして、このシニフィアンが人間関係を始原的な仕方で組織化し、それに構造を与え、形を与えるのです。
>
> （『Les quatre concepts fondamentaux de la psychanalyse』傍点は引用者）

ここで「シニフィアン」という単語が出てきたが、これについては詳しい説明を要する。これは、もともと言語学者のフェルディナン・ド・ソシュールによって考え出された概念である。

ソシュールは言語を「シニフィアン」と「シニフィエ」に分けて考えた。「シニフィアン」は言葉を表現するための文字や音声であり、「シニフィエ」はその言葉のもつ意味である。で、ラカンはシニフィエよりもシニフィアンを優先して考えた。つまり、言葉の意味というものはシニフィアン（言語の記号）とシニフィエ（言語の意味）との一対一の関係で生ずるのではなく、シニフィアンとシニフィアンとの関係において生じると考えたのである。ひとつのシニフィアンは複数のシニフィアンと結びついており、言葉というものは、そうしたシニフィアンのネットワーク(le réseau des signifiants)によって多様な意味を生ずる。

たとえば、「心臓」という言葉（シニフィアン）は血液を循環させる臓器を意味するが、「心臓が強い」とか「心臓がドキリとした」とかいう場合は、その人の性格や心理状態を意味する。あるいは「心臓部」といえば、あるメカニズムの最も重要な部分を意味する。このように、ひとつの言葉（シニフィアン）はその文脈に応じて複数の意味を有するが、これを言葉の多義性といい、これこそが本来の言葉の意味なのである。すなわち、

「心臓」→「心臓が強い」→「大胆不敵だ」

「心臓」→「心臓部」→「メカニズムの急所」

というように、言葉の意味は複数のシニフィアンの連鎖として生成される。人間はこのようなシニフィアンのネットワーク、すなわち複数の言葉が多義的に絡み合った多様な（過剰な）意味の世界に住んでいる。言い換えれば、言葉は世界の認識の仕方そのものを決めている。言葉が多様であれば、この世界も多様であり、言葉が単調であれば、この世界も単調なのである。

シニフィアンこそが基本的な役割を演じています。実際ランガージュをランガージュたらしめているものは、シニフィアンの体系そのものです。シニフィアンとシニフィエの複雑な働きこそが、私たちがいま問いかけようとしている問題を設定するのです。……皆さんはこれまで既に、シニフィアンとシニフィエの関係は、集合論でいうように一対一対応といったものでは全くないことを十分に見てきたはずです。

（Jacques Lacan『Les Psychoses』）

すなわち、言葉とそれが意味する対象とが一対一に対応しているわけではない。あらかじめ虹の赤色というものが単独で存在し、それが「赤」という文字で表示されるのではない。虹を赤橙黄緑青藍紫という七色で分割すること自体が言語の機能なのである。したがって、色を表現するのに「赤」「青」「黄」の三つの文字（シニフィアン）しか知らない部族は、虹を三色と認識する（このようなことは、すでにソシュール研究者の丸山圭三郎が論じていたことであった）。

で、ラカンはここから、さらに一歩進んで、人間の認識構造も精神構造も社会構造も、すべてシニフィアンのネットワークによって構造化されていると論じた。そして、このようなシニフィアンのネットワークで構築されている世界を、ラカンは「象徴界（le symbolique）」と呼んだ。これについて、ラカンは次のように述べている。

ここで一つの認識論を展開しようとは思いません。けれども、人間世界のものはパロール（言葉）として構造化された世界のものであり、ランガージュ・象徴化のプロセスが全てを支配していることは明らかです。動物の世界と人間の世界の違いをとことん探ってみると、動物の世界では象徴化のプロセスが全く作用していないことがわかります。このことは我々にとってまさしく驚くべきことです。知能の差、柔軟性の差、身体組織の複雑さの差などといったことだけでは、動物の世界における象徴化の欠如を説明することはできません。

（『L'éthique de la Psychanalyse』）

人間と動物との決定的な違いは、単なる知能の違いではない。人間と動物との違いは、人間は象徴界を形成しているが動物はそうではない、ということなのである。動物は言葉を有さず、事物を言葉で理解することができない。

犬が「おあずけ」とか「おすわり」とかいう命令に従う場合、犬は人間の言葉を理解しているように見える。しかし、そうした命令は、人間社会で通用している言語の機能とは全く別のものである。

犬が「おあずけ」とか「おすわり」といった言葉に反応するとき、それはひとつの音声に対して単純に反応しているにすぎない。つまり、どんなにトレーニングしたところで、動物には一つの音声記号に対して直接的に結びついた一つの反応をすることしかできない。これは人間の言語活動とは全く質を異にするものである。

これは、言い換えれば、動物の世界は像《イメージ》だけの世界だということである。ひとつの像《イメージ》にはそれに固有の意味があり、かつその意味しか有さない。ゆえに動物は、その像《イメージ》に対して、その像《イメージ》に固有の反応しか示さない。それが動物の行動原理なのである。たとえば「エサをみたら食べる」、「侵入者をみたら吠える」、「メスをみたら交尾する」といった具合に、具体的な像《イメージ》に対してその像《イメージ》に結び付いた直接的な反応をするだけである。犬が「おあずけ」とか「おすわり」といった言葉に反応するのも、じつはそうした行動原理から一歩も出ていないのである。こうした単純で一義的な像《イメージ》だけで構成されている世界を、ラカンは「想像界（l'imaginaire）」と呼んでいる。

これに対し、人間は言葉を有するから、言葉の多義性によって、多種多様な世界を認識し、あるいはまた、言葉（シニフィアンのネットワーク）によって、人工的に新たな秩序を構築することもできる。これがラカンのいうところの象徴界である。数学的に精密に記述されるムルンギン族の結婚規制は、まさに人類社会がその原初の時点においてすでに象徴界を形成していることを意味する最もわかりやすい例なのである。ラカンは次のように述べる。

クロード・レヴィ＝ストロースは疑いもなく彼の見事な研究の中で〈法〉そのものの原初的な性格を立証しました。すなわち、交換の組織化によって規制された婚姻の法を仲だちとして、人間的自然のなかにシニフィアンやその組合わせが導入される、という性格です。彼はこの交換の組織化を親族の基本構造と名付けました。というのは、配偶者の選択に際しては特定の組合せが指示されるからです。つまり秩序が婚姻関係に導入され、生得的次元とは異なる新しい次元が生み出されるからです。

（『L'éthique de la Psychanalyse』傍点は引用者）

しかも、ラカンによれば、このようなシニフィアンの組み合わせによる象徴化は、人間の意識の上だけではなく、無意識にまで及んでいるというのである。いわば、意識・無意識を含めた人間の精神構造そのものが象徴化されている。すなわち、シニフィアンのネットワークの構造をもっているのである。そしてムルンギン族が無意識のうちに、複雑な結婚規制を形成していることは、このような「無意識は言語によって構造化されている」というラカンの主張を裏付けるものとラカンは考えたのである。

それでは次に、これを個人の次元で考えてみよう。ラカンによれば、生まれたばかりの赤ん坊は、まだ象徴界を形成しておらず、想像界の中でまどろんだ状態にある。ここでいう想像界というのは、「母と子」の一対一の閉じた世界である。したがって、人間が人間として自立するためには、どこかの時点でこの想像界を脱し、象徴界に移行しなければならない。これをラカンはフロイト理論の用語を借りて「去勢」と呼んだ。つまり、ラカンのいうところの「去勢」というのは、ペニスの喪失ではない。「去勢」とは、男児が母親との近親相姦的な関係（想像界）を脱して、象徴界に移行し、象徴界の平面で新たなる自我を確立することなのである。

フロイト理論においては、このようなプロセスには「父親」の介入があるとされている。ようするに、父親が「母と子」の近親相姦を禁じ、「母と子」の密室から追い出して、次世代の「父親」として自立させる。通俗的には、このようなプロセスが「エディプス・コンプレックス」と呼ばれるものである。男児はこのエディプス・コンプレックスを経なければならないのだが、それでは女児の場合はどうなのか。これについては次の章で述べる。

第六章　女性にとって結婚とは何か（2）

上野千鶴子の著述『発情装置』には、「ニキの物語」なるものが述べられている。

ニキ・ド・サンファルは、フランスの女性の芸術家である。一九三〇年、世界大恐慌の翌年にパリで生まれた。父親は銀行家だったが、母親がニキを妊娠しているときに銀行は倒産し、しかもこのとき母親は父親が浮気していることを知った。両親はニューヨークに住んでいたが、ニキは生後三か月で兄とともにフランスの祖父母のもとに預けられ、三歳までそこで過ごした。母親はニキにむかって「家族に不幸をもたらした娘」と言い続けたという。ニキは母親から、かなりの精神的虐待を受けていたといえる。

エレクトラ・コンプレックス

上野の描く「ニキの物語」は次のようなものである。

ニキは幼い頃から父親に溺愛された。しかし、このような「父と娘」の近親相姦的な関係は母親の激しい嫉妬をかってしまう。ニキは父親から過剰に愛されることによって、母親との敵対関係をもつことになる。しかし、これはニキにとって不本意なことである。なぜなら、そもそもニキを溺愛したのは父親のほうであって、ニキ自身に罪はないからである。父が娘を誘惑したのである。言い換えれば、父親からの一方的な誘惑が母娘を敵対関係に追い込んだということになる。しかし最終的に、ニキは「父親の愛」の支配を脱することに成功する。ニキは母親と和解し、母と娘は連帯して父親に立ち向かい、母と娘の間を隔てていた「父親」(＝父権社会)を葬り去る。これら一連のことが、ニキの成長の物語として描かれている。

「ニキの物語」は、エレクトラ・コンプレックスのようなものとして描かれており、そしてそれを最終的に克服したものだと解釈されている。

ここで、エレクトラ・コンプレックスについて説明しておこう。

ごく簡単に言えば、エレクトラ・コンプレックスはエディプス・コンプレックスの女性版である。エディプス・コンプレックスは、一般には、男児が母親を独占しようとして父親に対抗する心理だと説明されている。しかし、そのような近親相姦的な関係は父親の圧倒的な支配力によって禁止され、男児は「母と子」の密室から放り出される。そして男児を新たなる「父親」として自立させることが、エディプス・コンプレックスの最終的な解決になる。

そして、これを女の子の場合に当てはめたのが、エレクトラ・コンプレックスである。女の子が「あたしはパパのお嫁さんになる」といって、母親に対抗するのがエレクトラ・コンプレックスである。上野千鶴子は次のように言っている。

フロイトは息子の成長の物語をエディプス・コンプレックスという名で語ったが、娘の成長の物語を語らなかったと思う向きには、エレクトラ・コンプレックスという概念が用意してある。

上野はこのように言うが、しかしフロイトはエレクトラ・コンプレックスを認めていない。まず、そこのところをはっきりさせておかなければならない。

フロイトによれば、女児の場合も、母親との性愛関係が最初にある。しかし娘と母親は同性であるために、これを異性愛に転換するためには、性愛の対象を父親に転換しければならない。ようするに、女児の場合、性愛関係をいったん母親から父親に移し変えてから、女児と父親との間の近親相姦的な関係が開始されることになる。しかし、これを単純にエレクトラ・コンプレックスと呼ぶべきかというと、そうではない。

フロイトによれば、この一見「エレクトラ・コンプレックス」のようにみえるものは、偽装的なものであって、じつは、女児の心理の奥底には、母親への原初的な性愛関係が根強く残存している。娘と母親の性愛関係はきわめて強力なものであるが、そこには「愛」と「憎しみ」が同居している。この愛と憎しみが同居した状態を「アンビヴァレンツ」といい、フロイトの分析理論における重要な概念である。

娘と母親は強力な性愛関係で結びついている。しかしそれと同時に、母親は自分を全面的に支配しようとする存在であって、自分自身をおびやかす大きな脅威でもある。つまり、娘と母は強い性愛関係を持つと同時に、強い敵対関係をも持つ。ただし、敵対感情の方は、最初は抑圧されていて、のちに復活してくる。すなわち、偽装的なエディプス・コンプレックスという形で復活してくるのである。フロイトは次のように述べている。

彼女たちの母親に対する敵意ある態度はエディプス・コンプレックスという競争意識の帰結ではなくて、それ以前の時期に由来するものであり、エディプス的状況におかれることによってそれが強化され、利用されたのにすぎない。

（『女性の性愛について』人文書院）

ここでフロイトは女性に対しても「エディプス・コンプレックス」という言葉を用いており、「エレクトラ・コンプレックス」という言葉を使っていない。しかし、ここであえて次のように「エディプス」を「エレクトラ」に書き換えれば読みやすいかもしれない。

彼女たちの母親に対する敵意ある態度はエレクトラ・コンプレックスという競争意識の帰結ではなくて、それ以前の時期に由来するものであり、エレクトラ的状況におかれることによってそれが強化され、利用されたのにすぎない。

したがって、フロイト理論によれば、次のようになる。ニキの場合、あたかもエレクトラ・コンプレックスのようにみえるものは、じつはそうではない。ニキが母親と敵対させざるを得なかったのは、父親のせいではない。それ以前に、そもそもの最初から、ニキは母親と敵対関係にあったのである。もともとあった敵対関係が、エレクトラ的な状況の下で復活したにすぎないのである。

だとすれば、これは「母と娘」の間だけの問題であって、父親は関係ないことになってしまう。ニキの場合、話をややこしくさせているのは、十一歳のとき父親から性的虐待を受けたということである。もちろん、上野はこれを大きなトラウマとして強調するのだが、ニキと母親との敵対関係に関する限り、父親は全く関係がない。それ以前に、ニキと母親との関係は破綻していたのである。

この点について、上野千鶴子は次のように書いている。

……近代家族の母親は、子どもが産まれてきただけで、自分の人生が妨げられたと感じる。子どもの誕生を無条件で喜べるような条件のもとに、女はいない。女は自分の人生を男に売り渡したのと引き替えに、長い、骨折りの多い子育てという労働に従事しなければならないからである。ニキのママでなくとも、「なにもかもあんたが悪いのよ。あんたがあたしの人生をめちゃくちゃにしたのよ」と、子どもに理不尽な怒りをぶつける母親は少なくない。子どもは、産まれ落ちたとたんに、母親からの拒絶と、母親に対する罪悪感を脊負わされる。

このように、上野は、ニキは「産まれ落ちた」ときから母親から拒絶されていたと論じている。

だとすれば、母親と娘の敵対関係に関しては、エレクトラ・コンプレックスは全く関係がないことになる。

そこで、上野がその代わりに持ち出すのが、すでに述べた「家父長制による抑圧」なのである。抑圧に対する不満が子どもに向けられるというのである。「『あんたがあたしの人生をめちゃくちゃにしたのよ』と、子どもに理不尽な怒りをぶつける母親は少なくない」などと上野は言うが、しかし一般には、そんな母親がいるはずもない。上野が描いているのは、「自分の不幸の原因はおまえ」だと言って娘に無用な罪悪感を与えたという上野自身の母親のイメージにすぎないのである。

上野千鶴子は続けて次のように言う。


子どもが息子なら、母親に対する贖罪は、生涯にわたるマザコンに終わるだろう。娘の場合には、状況はもっと複雑だ。母親は娘を拒み、娘は母親を憎むが、同時に母親は娘にとって大きくなったら自分がそうなっていく姿にほかならないために、娘はアンビヴァレンツに引き裂かれる。


これも議論が雑である。こういう話はもう少し厳密にやらなければ意味がない。

母親は、娘にとっての同一化の対象である。すなわち、将来「自分がそうなっていく姿」である。しかし、「同一化」には、じつは二通りある。ラカンによれば、同一化には「想像的同一化」と「象徴的同一化」がある。簡単に説明すれば、「想像的同一化」というのは、具体的な人物の像《イメージ》に対して自分をそこに同一化させることである。これに対して「象徴的同一化」というのは、まったく新たに、象徴界（社会秩序）の平面に自我を確立し、自分をそこに位置づけることである。で、エディプス・コンプレックスというのは、「想像的同一化」から「象徴的同一化」への移行を意味する。男児も女児も、最初に接触する相手は母親だが、ここで男児と女児との間に決定的な差があらわれる。

男児の場合、「象徴的同一化」は比較的、容易に行われる。なぜなら、母親は異性であるため、男児にとってしょせん自己の同一化の対象とはなりえないからである。

ところが、女児はそのへんが難しい。女児にとって母親は同性であるため、「想像的同一化」から、なかなか逃れられない。というより、「想像的同一化」と「象徴的同一化」の境界線そのものが曖昧である。

上野千鶴子の文章をもうひとつ引用しておこう。

ペニスをママのおなかの中に忘れてきた娘は、母子相姦の欲望を持たない。何故なら、ペニスとは欲望の代名詞だから、そのうえ、母と娘の結びつきに父親は割って入る理由がない。娘はペニスがないことで、生れ落ちたときからすでに去勢されているから、去勢恐怖で脅しても意味がない。したがって娘の成長の過程には、超自我という名の「小さなパパ」、すなわち良心の声（両親の声、か？）が形成されない。だから女性は、男性に比べて、倫理的に劣った存在だ……。ちなみにこの説を、「母性社会」日本に応用すると、母と息子のあいだに割って入る父性の欠如した日本人は、国民全体が倫理的に二流の存在だということになる。

これもまた、いろいろと間違いのある文章なのだが、ひとつだけ間違いを指摘しておきたい。それは、「娘はペニスがないことで、生れ落ちたときからすでに去勢されている」という部分である。「去勢」というのは、ペニスの有無の問題ではない。これは解剖学的なペニスの有無とは関係がない。フロイト・ラカンの分析理論における「去勢」とは、母親との想像的関係を脱することである。したがって、女性はペニスを持たないにもかかわらず、「去勢」されなければならない。

女性は持っていないものを失わなければならない。(Jacques Lacan『Écrits』)

つまり、ラカンによれば、女性も「去勢」されるべきなのだが、女性の場合、母親との癒着が強すぎて、「去勢」が不完全になるということなのである。

フェミニズムは女性のマザコンである

本書におけるひとつの結論は、フェミニズムというのは、女性のマザコンの一形態だということである。

「女性のマザコン」などというと、意外な感じを受ける人もいるかもしれない。一般に、マザコンというのは母親の息子に対する支配を意味するからである。息子と母親は互いに異性であるため、両者の強い結びつきは近親相姦的な性格を帯びる。だから息子のマザコンは世間から異常だという目でみられる。

ところが、母親の娘に対する支配は、それがどんなに強く過剰であっても、世間から異常だという風に見られることはない。なぜなら、両者は同性であるために、それが近親相姦であるという非難を受けずにすむからである。しかしながら、母と娘の関係も、十分に近親相姦的であるといえるのである。フロイトの出した答えは、そういうことである。

上野千鶴子は「男児のマザコン」ということに強いこだわりをみせ、『マザコン少年の末路』(河合ブックレット)をはじめとして複数の著述でマザコンについて触れているのだが、じつは上野自身がマザコンであると思われるのである。

上野は『スカートの中の劇場』(河出書房新社)の中で、次のような話をしている。

下着の選択と管理が母親の支配のもとにあって、それが性器の管理につながる、というのは、男の子も同じだと思うのです。むしろもっと強いでしょう。女の子の初潮に対応するものに、男の子の場合は、たとえばオナニーや夢精があります。性的な分泌物で下着が汚れる場合があります。第二次性徴以降、そういう徴候が徐々に出てくるのですが、その秘密を握ってしまうのは母親です。ですから、男の子のほうがもっと疎外が深い。つまり自分の下着を自分で洗っちゃいけないという禁止がありますから、汚れた下着をどんなことがあっても母親に渡さざるをえないのです。いつ何が起きたか、母親は全部知っています。これは本当に怖い。徹底した性器の管理です。

なんでこんなことが「本当に怖い」のか。普通の人にはちょっと理解できない。しかし上野にとっては、こういう日常的なことのひとつひとつが恐怖だったのだろう。ここに上野千鶴子と母親との関係をみることができる。実際、次のように言っている。

私は非常に過保護な娘でしたから母親に何もかも洗ってもらっていました。母親が自分の娘がどんなに自分に依存的な娘かということを、なかば愚痴、なかば誇らしげに「この子はハンカチやパンツまで私に洗わせるんですよ」とまわりの人間に言っていたことがあります。

すなわち、上野自身が非常に過保護な娘であり母親に依存的な娘であった。上野にとって母親は徹底した私生活の管理者であり、最大の脅威だったのである。

このような「母親からの脅威」は、意識の上では「家父長制からの脅威」としてあらわれる。娘に対して直接の権力をふるうのは常に母親である。しかし背後でそれを操るのは家父長制の権力である、という意識がフェミニストには生じる。言い換えれば、マザコン女性ほど、家父長制に対する反発が強いということになる。フェミニストが結婚について否定的なのも、ここに原因がある。

結婚というのは、女性が家父長制（＝象徴秩序）の中に組み入れられることだからである。

女性は結婚によって象徴秩序に地位を得る

結婚とは何か。それは、ムルンギン族の婚姻規制に最も端的に示されているように、男女の関係を象徴界の秩序の中に組み入れることである。結婚を通して、男女関係は象徴秩序の中に位置づけられる。それが結婚の真の意味である。しかし、このとき、男女には決定的な差が生じる。それは、男性はそれ単独で象徴秩序に位置づけられるが、女性は男性と結ばれることでしか象徴秩序に位置づけられないということである（これが家父長制の本質である）。

すでに述べたように、男性は「去勢」を経て母親との想像的関係を脱し、それと同時に象徴的同一化を果たし、象徴秩序にその地位を得る。しかし、女性は同性である母親との癒着を完全に断ち切ることはできない。

はっきり言ってしまえば、男性は象徴秩序に属するが、女性はそうではない。したがって、女性は象徴秩序を象徴する特定のシニフィアンを欲望する。たとえば、女性がシャネルやヴィトンといったブランド品を身に着けるのを非常に好むのも、そうした理由からである。女性にとって価値を有するのはブランド品そのものではなく、「ブランド」である。ようするに、それはシニフィアンなのである。「ブランド」は、それ自体が象徴秩序を象徴するシニフィアンであり、女性はこれを求めるのである。女性が結婚を望むのも同様の理由である。女性は「誰々の奥さん」「～夫人」というブランドを身に着ける形で象徴秩序の中に組み込まれる。

フロイトのいう女性のペニス（ファルス）羨望の真の意味は、じつはこれなのである。ラカンは次のように言う。

> 女性の欲望においては、彼女は彼女の愛の要求を向けるもの（男性）の身体の中にそのシニフィアンを見出す。疑いもなく、このシニフィアンの機能によって、この性格を帯びた器官（ファルス）がフェティッシュな価値を持つようになることを忘れてはならない。
>
> （『Ecrits』括弧内は引用者）

フロイトのいうところの女性のペニス羨望は、ラカンによれば器官としてのペニス羨望ではなく、シニフィアンとしてのファルスへの羨望なのである。

ラカンは「ファルスはシニフィアンのシステムにおいて象徴的な価値を持つ」という。すなわち、ファルスは象徴界を象徴するシニフィアンなのである。

ファルスとは特権的なシニフィアンである。器官としてのファルスが象徴界において改めて「象徴界を象徴するシニフィアン」としての意味と機能を与えられるのである。つまり、これと同じ機能を持つのがブランド品なのである。ブランド品は、女性にとってのファルスの代用品なのである。

女性は男性と結ばれることによって本物のファルスのシニフィアンを手に入れ、そうすることによってはじめて象徴秩序の中にその地位を得る。女性が結婚を望む最大の理由はここにある。

「女性活躍推進」政策は不要である

ここで、実社会の話をさせていただく。

第二次安倍政権において「女性活躍推進」なる政策が始められ、現在に至っているが、資本主義本来の性格を考えれば、この政策は不必要ではないかと思われる。

もし、ある企業がある女性を有能だと判断したのなら、その企業は言われなくてもその女性を活用せざるを得ない。でなければ競争に負けるからだ。資本主義社会は弱肉強食の競争社会である。その企業が有能な女性の人材を活用せず、無能な男性を要職に就けるなら、その企業は業績が悪化して競争に負けるであろう。そして有能な人材を活用できる企業こそが生き残る。政府が横から口を出さなくても、自然に淘汰されていくはずである。

ようするに、この資本主義社会の世の中においては、男性にしろ、女性にしろ、その能力はあくまで結果で実証されなければならない。仮に女性の採用が少ない企業であっても、それで業績を伸ばしているのであれば、誰も文句は言えない。余計なお世話である。逆に女性の採用を増やした企業が、それによって業績が伸ばせないのであれば、人材の選択を間違えたと言うべきである。資本主義の競争社会においては結果で実証できるかどうかが全てである。結果で実証されていないにもかかわらず、とにかく女性を活用しろと国家が強制するのは資本主義ではなく社会主義である。

ただ、これまで、フェミニストの側からは「女性が活躍できない」ということの言い訳がなされていて、それは例によって「家事が負担になる」というものだ。男は女に家事をまかせて仕事に専念できるが、女は仕事と家事の二重の負担になるからフェアな競争ではないというのである。しかし、家事というのは（すでに述べたように）フェミニストがいうほどの負担ではない。キャリアウーマンにとって大きなハンデになるとすれば、それは出産と育児である。

しかし、これについても現在では多くの大企業が育休制度を整備している。『「育休が取りやすい会社」ランキングTOP100』（東洋経済オンライン　二〇二一年一月八日）によれば、二〇一八年度の育休取得者数の第一位の企業は日本生命保険で二三〇八人。第二位はＮＴＴで二〇一三人（育休は生後満三歳まで可能）。第三位は第一生命ホールディングスで一三九九人（育休は最長二十五カ月可能）である。

最近では、コロナ禍の影響で在宅勤務が珍しくなくなっているということも育休を取りやすくしている要因となってるという。多くの大企業で育休を推進する流れとなっているようなのだが、少し皮肉っぽく言えば、「女性が活躍できない」ことの言い訳はもはやできなくなりつつあるということである。

なぜ、このような皮肉っぽい言い方になるのかというと、仮に、女性のハンデを完全に無くしたとしても、男性と同じ経済的成功を果たせるのかどうか、甚だ疑問に思われるからである。企業が女性を活用してくれないと言うのなら、独立して自分の会社をつくればいいと思うのだが、女性は起業家の数も少ないのである。

米フォーブズ誌による二〇二三年世界長者番付ではIT関連の上位一〇〇人中、女性は十一人にすぎない。フォーブズジャパンによる二〇二三年の日本起業家ランキングでは、上位二〇位のうち女性は二人だけだった。どちらの場合も女性の占める割合はおおよそ一割程度である。

IT関連は全く未開拓な分野が多いため、能力と意欲さえあれば誰にでもゼロから億万長者になれるチャンスがあったはずである。いくらなんでも「女性にはチャンスが与えられなかった」などという言い訳は通用しない。実際、IT長者といわれる人たちの経歴をみると、若い頃に己《おのれ》の実力だけで起ち上げた人たちばかりである。そういう人たちに男性が多いということは、ようするに男性の方に野心的で意欲的な人物が多いということだろう。つまり、これは単なる能力の差ではなく、女性には野心とか意欲とかいう、モチベーションに欠けているのではないかということだ。

もっとはっきり言えば、女性はそもそも最初から事業に成功するということに対して無関心なのだ。立身出世を「女の幸福」とは感じないのである。

話は少し変わるが、かつて、ある人気女優がIT長者の彼女となって、プライベートジェットでワールドカップサッカーの大会に連れって行ってもらったとかで、インスタで大いにはしゃいで一部の顰蹙をかったという「事件」があった。しかし、これは非常に理解のできる話である。女性は自分自身が「IT長者になる」よりも、「IT長者の彼女になる」ことの方を好むのである。女性にとって自分自身が「IT長者になる」ことは人生の成功ではなく、「IT長者の本命彼女になる」ことが女性にとっての勲章なのである。

ついでに言えば、鈴木涼美は「女は自分の男の成功を、自分の成功と見紛う能力がある」と述べ、次のように書いている。

若い頃、自分は何一つまだ得ていないのに、お金と車と高級マンションを持っている彼氏ができただけで、態度がでかくなる女って結構いる。

恋人の稼ぎがいいという理由で、自分はビジネスクラスに乗る価値があると簡単に勘違いできる。

旦那が成功しているという理由で、講演会まで開いちゃったり。

すごいのは彼氏で稼いでいるのも名誉を得ているのも彼氏なのに、なぜか自分もセレブの仲間入り気分。月給二〇万でも移動はタクシー。

（『女がそんなことで喜ぶと思うなよ』集英社）

いやいや、それは決して勘違いではない。女性は大物の彼氏を得ることで自分もそれと同等の地位を得る。女性は自身だけでは象徴秩序にその地位を得ない。男性と結ばれることによってのみ、その地位を得るのである。

第七章　鈴木涼美はなぜAV女優になったのか

鈴木涼美は慶応大学→東京大学大学院→日本経済新聞記者という、いわば学歴エリートに属する経歴を持ち、かつブルセラ、キャバクラ嬢、AV女優という、いわゆる風俗業界をフルコースで経験していて、もっぱらそのときの体験をネタに書くライターとして知られている。風俗業界の実態なり裏話なりを面白おかしく、適当におちゃらけた文体で書くのが特徴で、その他にも、若い女性の生き様やホンネみたいなものを彼女特有のコミカルなタッチで描いている。フェミニズムに関しては特に構えて議論することを避けていたようだが、触れるときはわりとツボを得たことを書いていた。たとえば、こんな感じである。

……そもそも、居酒屋で奢ればセクシストだと、逆に奢らなければ甲斐性無しだと罵られ、守ってあげるねと言えば前近代的価値観を説教され、守らず逃げれば男らしくないといまだに白い目で見られる今日の男事情を考えると、正解の男、なんていうものは太らないパンケーキ、というくらい不可能で矛盾した存在になってしまう気もする。

（『ニッポンのおじさん』角川書店）

つまり、フェミニズムの建前と、現実の男女交際におけるホンネとの乖離というのは当然あるわけで、両方満たすのは不可能だ。そのへんのところを鈴木はうまく突いている。

他にもいろいろある。

「わたしAVに出ようと思うのだけど」と彼氏に報告した際に、「彼氏としてはどういう反応が正解か」ということが議論されていて、女にとって最悪なのが、「大事なのは君の意思だから僕には止めるとかはできないよね」という男だという。

そういうやつは車で迎えにきてと言ったら、「車の運転を男が独占したら女性の移動の自由を奪っちゃうよ、そんなこと僕はできない」とか言って迎えにこず、荷物持ってと言ったら「僕は君の力を過少評価したくない」とか言って持ってくれず、このレストラン行きたーいと言ったら「女性活躍の時代に社会に出てちゃんと働いている君に敬意を表してワリカンね」とか言って奢ってくれず、あなたの子供つくりたいわと言ったら「男女の非対称性を感じさせない新しいタイプの家庭を考えるべきだ」とか言って中出ししないであろう。

（『女がそんなことで喜ぶと思うなよ』集英社）

つまり、フェミニズムの流れに乗っかって、やたら「平等」だの「女性の意思」だのを尊重するような男は女に好かれないのである。

現実の男女交際においては、男女を平等に扱われても女性の側はあんまり嬉しくない。「男女平等だからデート代は割り勘」というのは女性にとって全然嬉しくない。これは決して金銭的な損得勘定ではない。男性からデートに誘ってもらうことが女性にとって嬉しいのであり、男性に口説かれることが女性にとって嬉しいのであり、だからプレゼントをあげたり、デート代を払ったりするのは男の方でなければならない。それが作法なのである。

男女交際においては男女のそれぞれの性的役割というものが重要になる。それぞれの性的役割を上手く演じることが男女のルールなのであり、それが男女に快楽と幸福をもたらす。ところが、男女平等のイデオロギーはそうした性的役割を否定するから、とたんに男女交際は味気ないものになってしまう。鈴木涼美の本に出てくる数々のエピソードは、そうしたことを如実に物語っている。

なぜ男に絶望したのか

このように、フェミニズムからは距離を置いた書き方をしていた鈴木だが、その後、上野千鶴子との往復書簡形式の共著、『限界から始まる』（幻冬舎）を出した。これは、それまでの鈴木のおちゃらけたスタイルとはうってかわって、じつにシリアスなものであった。

鈴木は、それまで鈴木自身がフェミニストであるかどうかを明確にしてこなかったし、もっと左右に幅のある議論をしていたのだが、これを読む限りでは、上野千鶴子のフェミニズム路線に一直線に従った受け答えをしており、まるで上野ゼミの優等生である。鈴木涼美は隠れフェミニストだったのだろうか。

しかし、ここでは、鈴木涼美に「フェミニスト」というレッテルを貼るべきかどうかということが重要なのではない。重要なのは、鈴木涼美が上野千鶴子と同じメンタリティーを有しているということなのだ。すなわち、この往復書簡において特徴的なのは、その強烈な男性憎悪なのである。上野の男性憎悪は相変わらずであるにしても、鈴木涼美も同じくらい強い男性憎悪を抱いていたことがこの往復書簡で暴露されたのである。そこで、まず鈴木の男性憎悪から分析していきたいと思う。なぜ鈴木は男性を憎悪するようになったのか。鈴木自身の語る理由をみてみよう。

初めて男性とセックスを経験するよりも前、まだバージンだった頃、私は渋谷のブルセラショップで下着を売る女子高生でした。その店では、マジックミラー越しに男性が好みの女子高生を選び、選ばれた者はまた別のもっと小さいマジックミラーのついた部屋に移動し、そこで「こちらからは見えていないけれども、こちらのことは見えている」状態で、直接男性に下着を渡します。マジックミラーとは言っても、光の加減では実はこちらからも彼らの姿は結構見えます。男性は見られていないと思って安心し、そこでマスターベーションを始めます。私がさっきまで穿いていたパンツを被って、ルーズソックスを首に巻き、ブラジャーの匂いを嗅ぎながら自慰行為をしている存在、それが私にとって性的な存在としての男性のイメージの根元にあります。初めて見た男性の性行為は私のパンツを被ってするオナニーで、初めて男性の勃起姿を見たのもその場所です。そうやって私は十六歳で、下着と尊厳を「どぶに捨て」ました。

マジックミラーのこちら側に、いくらでも代替可能な私が立っていて、その板のあちら側に、一万五〇〇〇円払って自慰行為をしている男がいる、そのあまりに滑稽な光景は、今でも私の男女観に染みついて残っています。……

……ブルセラショップでパンツでマスターベーションしていた人たちに感じた、「この人たちに何を言っても無駄」「絶対にこの生き物と理解し合えることなんてない」という気持ちは、AVで紋切り型の「セクシーな女性」や「男に都合の良いシチュエーション」を延々と繰り返し見て満足する男性によって、再び強固な印象になって私に取り憑いています。

このあとも、鈴木は「男とは絶対に理解し合えない」とか「男に絶望した」とかいったセリフを何度となく繰り返すのだが、率直に言って、これは「男に絶望する」に至った理由としては、あまりにも軽い話であるように思える。

そもそも男性にSMだのフェチだのといった変態性欲があるというのは今さらのような話で、そうした変態プレイを提供する店に行ったら変態がいたというのは、動物園に行ったらライオンがいたというのと同じようなものである。そういう店にわざわざ自分の方から「売り」に出かけていって、自分のパンツでオナニーをする変態の姿を見たから「この世の男どもに絶望しました」などという話を文学的口調で語るというのは、むしろその方が不自然で奇妙である。

しかも、自分を「恋愛体質」だとし、これまで幾人かの男性と同棲生活を繰り返していながら、今になって「じつは高校生の時にすでに男に絶望していました」などというのは、いくらなんでも説得力に欠ける。

そしてまた、この話の信憑性自体に疑問がある。というのは、鈴木のもう一つの著述『おじさんメモリアル』（扶桑社）にも似たような話が載っているからである。

これは鈴木が女子高生になって間もない頃、渋谷で友達を待っている間に、エロ雑誌の取材を装ったオジサンから一万円であなたのオナニーをしてみせてくれと持ち掛けられ、鈴木はそれに応じたという話である。

実際、おじさんはただ単に女子高生の生身の肉体を見ながら一発自分でヌケればよかったようで、当然身体はまったくの未開発状態だった私はなんとなく自分の乳をさわってみたり股間に手を伸ばしたりしていたら、彼は半立ちのまま勝手に便器の中に射精した。別に私の反応をメモるわけでも、感想を聴くわけでもなく、一応取材っていう体を守ればいいのに、すっかりそんな口説き文句は忘れたようで、終わったら、ふうっとか言ってトイレを流し、一万円を手渡してくれた。

私は一万円と、男ってこうやって射精するんだという知識と、自分は少なくともただ居合わせるだけで男に射精のモチベーションになるくらいの価値はあるという自信を得た。彼は射精のすっきり感と、私のパンツの色が水色であったという知識と、適当に取材とか言えば女子高生がいとも簡単にオカズになってくれるという自信を得た。では、互いに失ったものはなんだろうかと言えば、私は「援助交際のようなものとは無縁の清純派女子」という立場を失い、オナニー処女を失った。彼は一万円と、取材記者とか適当な嘘をついたことにより信頼を失った。

ここで問題なのは、先ほどの「ブルセラショップでの話」と、この「一万円もらってオナニーしてみせた話」と、どっちの体験が先だったのかということだ。これはおそらく「一万円もらってオナニーしてみせた話」が先であろう。別の著書でもこれと同じ話に触れていて、初めて男性の勃起をみたのはこのときだと書かれている。ということは、「初めて見た男性の性行為は私のパンツを被ってするオナニーで、初めて男性の勃起姿を見たのもその場所です」と鈴木がいうのはウソだということになる。

「そんなことはどっちが先でもいいではないか」と言われるかもしれないが、しかし、このウソには、はっきりとした目的と理由があるものと思われる。

その理由というのは、「自分のパンツを被った男がブルセラショップでオナニーする」というシチュエーションの方が「男性を見下す」話のネタとして「使える」ということだ。

「一万円もらってオナニーしてみせた話」の場合、自分自身がオナニーをするという姿を晒している立場であるから、そうした状況で相手を「見下す」という立場はとりにくい。しかし、自分が一方的にオジサンの醜悪なオナニーを見ている状況であれば、相手を「見下す」という立場がとれる。ようするに、鈴木としては、「男性を見下す」というポジションがどうしても必要だったのである。自分のパンツを被ってオナニーをする、その醜悪なオジサンの姿を見て強い嫌悪感を覚え、男を見下すようになったというストーリーがどうしても欲しかったのである。あくまで「男性を見下す」ことが重要なのであって、パンツを被ってオナニーをするオジサンは、そのために利用されたネタにすぎない。

　鈴木はこのネタをもとに、「こいつらには何を言っても無駄」、「絶対にこの生き物と理解し合えることなんてない」、すなわち「男たちに絶望した」という極端な結論にまで持っていく。これは最初から意図的に組み立てられたストーリーである。

　上野千鶴子との往復書簡に限らず、鈴木涼美の著述には、こうした「男性を見下す」「上から目線」の記述がやたらと多い。『おじさんメモリアル』をはじめとして、鈴木の書いた風俗嬢の体験記には、アホな男がこれでもかと登場し、アホな姿を曝しているのだが、そうした男たちを鈴木は常に上から目線で見下す。

　しかし風俗産業というのは、自分の性的嗜好を曝して性欲を満たすと同時に日頃のストレスやコンプレックスを発散させる場であるから、そんな場所で賢者のようにふるまえというのは土台無理な話である。キャバ嬢相手にくだらない見栄も張るだろうし、普段とは異なるみっともない姿を曝すこともあるだろう。そういうネタを選んでは、ひとつひとつ「見下す」というのは、かなり悪意のあるやり方のように思える。

　だがしかし、鈴木涼美の場合、どうしても男を「見下す」必要があった。それは男性憎悪というよりは男性蔑視というべきものかもしれないが、そのことが、じつは鈴木涼美自身の自尊心というか、何かしら根幹の部分を支えているのである。それでは、その根幹の部分とは何か。それはやはり、母親に関係する部分なのである。というわけで、次に鈴木の母親との関係を分析してみたい。

母親のコンプレックス

鈴木涼美にとって、母親の存在は非常に大きなものであったらしく、その著述のあちこちで母親について触れている。

それらを読むと、鈴木の母親は、美貌と知性において人並み以上に優れたキャリアウーマンであったものの、それと同時に、やや屈折した性格の持ち主であったことがわかる。

鈴木の母親は、他の女性を常に「見下して」いた。平凡な専業主婦である「お母様たち」を見下し、娼婦やホステスなど「女」を商売にしている人たちを見下し、容姿に恵まれない「地味な女性学者たち」を見下していた。とくに、娼婦やホステスといった「女を売る」商売の女性は強く見下していたという。

それでは、このように他の女性たちを強く見下していた理由は何か。

それは、彼女の出自に対するコンプレックスに由来するものだ。

鈴木の母親の実家は芸者たちのいる水商売で、自分が水商売の家の娘であることにかなり強いコンプレックスを抱いていたという。そして、そのようなコンプレックスを知的な職業に就くことや己の知性を磨くことによって克服しようとしていた。そして、それと同時に、そうでない女性たちを見下していた。

しかし、それでも出自に由来するコンプレックスは完全には解消しえなかった。だからこそ、他の女性に対する差別意識もそれだけ強烈になる。つまり、他の女性への差別意識は自己のコンプレックスの裏返しであった。

そして容易に気が付くことであるが、鈴木涼美は、このような「見下す」性格を母親から受け継いでいる。

しかし、鈴木の場合、その「見下す」対象は女性ではなく男性である。それはなぜなのか。

鈴木は母親から極めて強い影響を受けている。鈴木は事あるごとに知性に優れた母親から言葉で説得され、事あるごとに論破された。言葉では全く太刀打ちできず、母親によって強力に支配された。しかし、その母親にも克服できない強力なコンプレックスがあった。したがって、母親になしえなかったそのコンプレックスを克服すること——それが、鈴木に課せられた使命になった。

しかし、それを克服するためにはどうすればいいか。母親と同じ戦略ではだめだということは明らかである。どんなに高学歴であっても、どんなに知的な職業についても、ただそれだけでは出自のコンプレックスは克服しえない。

それではどうすればいいか。それは、その出自を否定せずに全面的に肯定すること。そしてその位置から男性を「見下す」ことである。それしかない。

そもそも、鈴木の母親の有するコンプレックスというのは、じつは男権社会において生じるコンプレックスなのである。

「男性目線で高い女であることに何よりも価値を置きながら、露骨にそれを金銭に換える女性を心底見下している」……こうした母親の態度を、鈴木は「多くの矛盾と倒錯を孕んでいる」と評しているが、このような母親の矛盾した態度は、まさに男権社会における矛盾と同じものだ。

男権社会では、美しい女が評価され、また女を金で買えるという快楽を享受しながら、それを売る女に対しては露骨に侮蔑の言葉を投げかける。鈴木の母親の価値観は、じつはこうした男権社会の価値観から一歩も出ていない。また、そうである限り、母親自身のコンプレックスも克服しえない。

だからこそ、鈴木はどうしても娼婦になる必要があった。

自らすすんで自分の性を売り、それを喜んで買う男の無様な姿を嘲笑する。すなわち、これが鈴木のとった戦略であった。

このような戦略は、ある意味、新しいかもしれない。これまで、娼婦は一方的に「見下される」立場であった。男性の欲望があるかぎり売春は必要悪であり、娼婦はそれを担っている。にもかかわらず、そうした職業に就いていることで軽蔑されるのは娼婦の方であった。こんな理不尽なことがあるだろうか。そうした娼婦を軽蔑する「お高くとまった」人たちの偽善性は、モーパッサンの『脂肪の塊』とかモームの『雨』にも描かれている。

しかし、鈴木がやりたかったのは売春を悪とする偽善性を暴くことではなく、あくまで「見下す」視線の逆転である。男が娼婦を見下すのではなく、娼婦が男を見下すのである。あくまで娼婦の目線で男性の醜態を徹底的に軽蔑する。こうして、鈴木は「母親のコンプレックス」と「母親への、コンプレックス」の両方を同時に克服しようとしたのである。

売春は母親への罰

しかし、鈴木が娼婦となったのには、もうひとつの、もっとわかりやすい説明があるかもしれない。

鈴木自身は、自分がＡＶ女優になった理由について、次のように書いている。

> 私にとって母の愛は、「無条件でなければいけないが、本当に心底無条件であるのかどうか、疑わしいもの」だったのかもしれません。だから母が女性としてのプライドで以て堅持しているものをどぶに捨て、母が最も嫌いで、絶対になりたくないと思っているであろう女の姿になってみて、母の愛にも「最低限の条件」があるのかどうか、そこに触れてみたくて仕方がなかったように思うのです。
>
> （『限界から始まる』）

ようするに、母親の自分への愛を試したかったというのである。しかし、鈴木は、別の個所で

「母は私を全力で愛してくれました」とも述べているから、ここで母親の愛が「本当に心底無条件であるのかどうか、疑わしいもの」だったというのは矛盾しているようにみえる。
田嶋陽子も上野千鶴子も母親に愛されたことを強調したが、実際には母親からの虐待に苦しんでいた。鈴木が母親について書いた部分を読んだ限りでは、田嶋陽子や上野千鶴子が経験したような、あからさまな虐待というものはない。しかし、「本当に心底無条件であるのかどうか、疑わしいもの」だったというのは、なぜだろうか。このへんのところは本人しかわからない。
売春婦を対象に精神分析を行った著述として、ハロルド・グリーンウォルドの『コール・ガール』（荒地出版社）がある。六人の売春婦を精神分析し、かつ二十人の売春婦と面接することによって、彼女らが娼婦となった背景要因を詳しく調査している。そこでは、幼少期において、義父からの性的虐待など、なんらかの虐待を受けていたことが指摘されているのだが、グリーンウォルドが売春婦たちに共通して見出したのは、母親の愛情の欠如であった。

幼時に愛を奪われたこと、それに対する怒りのために、少女達は自己を卑下し、卑小化する。自分を堕落させ、卑小化することによって、自分に何もしてくれなかった母親を罰するのである。何度も「自堕落な女にならないでね、淫売にならないでね」とくり返しいった母親を罰する。少女たちに母親を最も傷つける方法を教えたのは、ほかならぬ母親なのである。

（『コール・ガール』荒地出版社）

フロイトによれば、母親との愛憎関係は、それが全ての原型であるから、母親との関係が異性関係に反復される。女性にとって、男性に対する愛情は母親に対する愛情の反復であり、男性に対する憎悪は母親に対する抑圧された憎悪の反復である。したがって、女性の男性との関係を考察すれば、同時に母親との関係を推測することができるし、またその逆も可能である。

女性が男性に対して操を立てるとすれば、それは母親に対して誠実であろうとするためである。女性は母親に対して操を立てるのである。したがって、母親が自分に対して誠実でないと思えば、女性は男性に対して誠実ではない。母親が自分を一途に愛してくれないのであれば、なんで男を一途に愛する必要があるだろうか。

鈴木涼美の小説『ギフテッド』は、彼女と母親との関係をもとにしている。この小説の中で彼女は母親から火傷の痕をつけられてしまうが、それを刺青で隠している。これは、鈴木がＡＶ出演の最中に火傷を負い、その痕を刺青で隠したという話と重なる。だとすれば、火傷の痕は、母親から押された「娼婦」の烙印ということになる。

第八章　売春はなぜ悪いのか（1）

売春はなぜ悪いのか。このようなことが（今さらのように）議論されるようになったのは、一九九〇年代、女子高生を中心とした援助交際が社会問題となったことがきっかけであると思われる。現在、日本では売春は非合法なのだが、現実にそれが根絶されることは決してないし、なぜ売春が悪いことなのかという説明も突き詰めてはなされていない。

売春の歴史

売春について論じる前に、まず売春の歴史を、西欧を中心にごく大雑把にみておきたい。なお、以下に記述する売春の歴史は全て『売春の社会史』（バーン&ボニー・ブロー　筑摩書房）の一部を要約したものである。

（1）古代ギリシア時代

売春そのものは古代オリエントから存在したらしいが、売春婦の実態について詳しく知ることができるのは古代ギリシアの時代からである。

ポルノグラフィー（pornography）という言葉は、もともと「売春婦についての記述」という意味のギリシア語からきている。これは必ずしも「ポルノ」という言葉から想像されるようなエロチックなものではなく、売春婦とそのパトロンたちの生活や習慣などを記述したものであり、ギリシア人の創出した立派な文学形式なのである。そのような作品は現在ほとんど失われているが、古代ギリシアの学術的な文献の中に売春婦について断片的に触れた部分があり、それによって古代ギリシアの売春婦の実態の基本的な部分はおおよそ知ることができる。

それによれば、売春婦はいくつかの階層に分かれ、最下層のものはポルノイ（pornoi）と呼ばれ、これは安い料金でセックスを提供するだけの存在であった。最上級の高級娼婦はヘタイラ（hetaira）と呼ばれ、直訳すると「仲間」とか「相手役」という意味になるらしいが、今でいうところの銀座の高級クラブのホステスのニュアンスに近いと思われる。このヘタイラがなぜ重要な地位を占めていたかというと、古代ギリシアでは女性の役割が二極化していたからである。

古代ギリシアでは女性は結婚すればほとんど家庭に閉じこもり、家事と子育てに専念していた。つまり徹底した専業主婦であり、公的な場や社交の場に顔を出すことは許されなかった。そこで、その代わりに社交の場の華として活躍したのがヘタイラであった。ヘタイラはあくまで売春婦であるから提供するのは基本的にセックスであるが、ただそれだけではなく、地位のある男性をひきつける様々な魅力を備えていた。美人であるのはもちろんのこと、物腰が上品で、知性と教養があり、機知に富んだ会話ができた。また、そのような優れたヘタイラであればこそ、将軍、有力政治家、著名な作家、芸術家といった上等な客がついたのである。その収入も莫大で、アレクサンドリアの高級住宅街に邸宅を構えることもできた。歴史に名を残したヘタイラとしては、絶世の美女として知られたフリューネ、哲学者ディオゲネスの愛人だったライース、ペリクレスの愛人だったアスパシアなどがいる。古代ギリシアは高級娼婦が大活躍した時代だった。

（2）ヨーロッパ中世

ヨーロッパ中世はキリスト教が支配した時代であり、肉欲は悪とされ、禁欲と純潔が美徳とされた時代である。したがって、当然売春は罪とされたが、にもかかわらず売春は蔓延した。ルイ九世やフリードリヒ一世など、中世の支配者はこれを根絶しようとしたが、効果はなく、売春宿が禁止されれば、他の業種、たとえば風呂屋や理髪屋が隠れた売春の場となった。パリ大学やケンブリッジ大学など、各都市の大学でも売春は大繁盛で、学生たちは買春を罪とはさらさら考えず、学校の建物の二階で講義が行われている最中に階下で売春が行われていたという。また女子修道院でも売春が行われていたところが多々あり、「女子修道院は神聖な僧院というより売春宿に近い」と批判された。教皇グレゴリウス一二世のもとには堕落した女子修道院に関する報告が送られたが、それによると、修道女は高位聖職者や修道士などと姦淫の罪を犯し、多くの私生児が生まれていたという。そのため売春宿は「修道院」、宿の女将は「尼僧院長」、売春婦は「修道女」といった隠語で呼ばれることもしばしばだった。

（3）絶対王政の時代

売春は宗教改革によって一時的に下火になるが、宗教改革がおさまり、絶対王政の時代になると、それまでの反動から、再び宮廷を中心とした色事が大流行し、王侯貴族は競って多くの愛人をつくった。ルイ十四世やルイ十五世が女道楽の限りを尽くしたことはあまりにも有名である。イギリスではチャールズ二世が数えきれないほどの愛人をつくった。ドイツのザクセン選帝侯のフリードリヒ・アウグスト二世は一〇〇人を超える庶子をもうけ、スペインのフェリペ三世は三三二人の庶子をもうけたという。

さて、それでは一般庶民はどのようであったかというと、建前上、売春は禁止されていたが、王侯貴族があの有様であるから、規制はゆるやかなものであった。おもしろいのは、この時代からすでに色々な性的サービスを行う風俗専門店が現れたということである。覗き部屋とか、SMプレイ専門店とか、（ウソっぽいが）処女専門の店とか、「良家の娘を揃えております」とかいうのもあった。

（4）ヴィクトリア朝時代

十九世紀になって市民社会が成立すると、社会改革の波とともに、あらためて売春が社会悪として認識されるようになった。一八三一年のイギリス議会文書には次のように書かれている。

工場で働いているおおぜいの娘たちが職を失って、売春に追いやられています。貿易がふるわず景気が悪いと、工場で雇ってもらえないため、リーズ市の教区でない女性は――たぶんどこか遠い教区のメンバーか、あるいはどこにも所属していない場合もあると思いますが――売春以外はまったく食べていく道がありません。

もちろん、近代以前にも、貧しい家の娘が売春婦に身を落とすということは頻繁にあった。しかし、近代の資本主義社会に特徴的なのは、労働者階級の娘が貧困のゆえに売春婦となり、その一方で上流階級あるいはブルジョアの男性がその娘を買うという、すなわち富める者が貧しい娘の性を搾取するという構造が露骨になったということである。上流階級の男性にとって下層階級の少女は格好の獲物だった。ウィリアム・アクトン（売春問題を研究した英国の医師）は次のように述べている。

田舎の生活を知る者なら、既婚・未婚をとわず、労働者階級より上の階層の多くの男にとって、少女を誘惑することが一種の楽しみとなっていることをだれも否定しないだろう。——田舎から出てきた中産階級の男や田舎町に住む同レベルの男たちは、余暇の時間を、売春婦をつくりだすという野卑で計画的な悪行にあてている。

一八九〇年代に英国で出版された匿名の自叙伝『わが秘密の生涯』には次のようにある。

街で拾った処女は五指に余る。洋品店をのぞいている若い娘にソヴリン金貨の一枚でもくれてやれば、家までついてくる。金貨の魅力には勝てないのだ。彼が探すのはまだ幼い娘である。十六歳をすぎれば、処女などほとんどいないからだ。

幼い娘を性奴隷にするための人身売買とその市場も存在した。「十四歳から十八歳の健康な娘なら二十ポンド」という具合に相場価格も決まっていた。「十二歳から十五歳の美しい少女を養子に求む」という、明らかに人身売買が目的の偽装広告も新聞に堂々と掲載された。

イギリスで誘拐された少女たちはヨーロッパ大陸に輸出されたが、とくにベルギーはヨーロッパの人身売買の中心地だった。ベルギー国王自身が年に千八百ポンド以上もかけて若いイギリス娘を買い漁っていたからである。ブリュッセル警察は性奴隷の密輸組織から賄賂を受け取って見て見ぬふりをしていた。

少女誘拐の地元イギリスでも、少女は売りさばかれていた。しかも、そのお客たちの中にはイギリスの上院議員や貴族、皇太子までいたという。

ペルメルガゼット紙の編集長、W・T・ステッドは、客になりすまして売春の実態を調査し、さらにおとりの少女を使って人身売買の証拠をつかんだ。こうしてステッドは新聞紙上に『現代のバビロンの乙女の貢物』と題した暴露記事の連載を始めた。

あらゆる犯罪の歴史を通じて、この十九世紀のキリスト教文明国で行われている悪行以上に、金の力にものを言わせた恥ずべき行為がほかに見あたるだろうか？　王侯、貴族、大臣、裁判官、それにあらゆる階級の金持ち連中が忌まわしいことに……いまだ汚れを知らぬ貧しい娘を買いあさっている。

この記事は大変なセンセーションを巻き起こし、新聞を買い求める大衆が殺到し、欧米各国にまで影響を与えた。イギリス議会はようやく重い腰を上げ、売春を規制する法案を可決したが、それは売春承諾年齢を十六歳に引き上げるという緩いものだった。

以上、ヨーロッパを中心にざっと売春の歴史をみてきたが、あらゆる時代に共通していることがいくつかある。

それは第一に、女性には二種類あるということである。女性は、家事・育児を担当する「家庭の主婦」と、男の性的欲望を満足させるためだけに存在する「遊女あるいは娼婦」との二種類に厳格に区別されていた。

第二に、遊女あるいは娼婦は、社交の場でいかに華々しく活躍し、いかに金銭を稼ごうとも、あくまで卑しい職業とされていた。

第三に、売春市場の成立は、階級制度あるいは格差社会を前提としていた。つまり下層階級・貧民層の女性が体を売り、上流階級・富裕層の男性がそれを買うという構造があった。

だいたい、この三つが売春の歴史を概観したうえで、あらゆる時代に共通したものといえる。日本でも、戦前まではこの三つはほぼ成り立っていたと思う。

それでは、現在の日本においてはどうなのかというと、これはやや複雑な様相を呈している。

「援助交際」の何が問題だったのか

一九九〇年代、ブルセラ、援助交際ということが社会問題として大きく取り上げられた時期があった。そこで問題とされたのは、売春を行った当事者が女子高生だったということである。

女子高生というのは、ようするに年齢が十五歳から十八歳の女性のことだが、たんに十代の女性が売春をするということだけなら、それはあらゆる国のあらゆる時代を通じてなんら珍しいことではなかった。むしろ、昔の方が十代の女性の売春はずっと多かったことだろう。

それでは、なぜ今になって十代の売春が問題視されるようになったのだろうか。それは第一に、「一億総中流社会」の実現が背景にある。

内閣府の「国民生活に関する世論調査」では、およそ九割の国民が「中流」だと答える状況が長らく続いている。今は格差社会と言われているが、二〇二一年九月の調査においてさえ、国民の八九・一％が中流と答えている。

このように、日本では、ほとんどの国民に「自分は中流」すなわち「自分は普通」という意識が生じているわけだが、それでこそ、「普通の女子高生」という概念も生じてくる。それ以前には、「普通の女子高生」という概念そのものが存在しなかったのである。

十九世紀以前の西欧においては、上流・中流階級と下層階級とが明確に区別され、上流・中流階級の男性が下層階級の十代の女性の性を搾取していた。しかし、その時代においては上流階級が世の中を支配していたため、それが問題とされることはなかった。むしろ、上流階級すなわち「良家の子女」の純潔を守るためには、売春は必要悪だという考え方は根強かった。古くは、神学者のアウグスティヌスもトマス・アクィナスも売春を必要悪と考えた。彼らは男の性欲の強さというものを認めていたし、性欲というものがあるかぎり、それを一手に引き受ける娼婦という職業は必要だと考えた。でなければ、世の中全体が情欲にまみれてしまうと考えたのである。かのナポレオンも次のように言った。「売春は必要だ。売春婦がいなければ、男たちは街で良家の婦人を襲うだろう」。

売春婦が男たちの性的欲望を全面的に引き受けてくれているかぎり、「良家の子女」は安全だという理屈だった。そして、その売春婦の役割を担ってきたのは、専ら下層階級・貧民層の女性だったのである。

ところが、現代の日本においては、階級制度というものは存在せず、したがって下層階級というものも存在しない。国民のほぼ全員が「中流」ということになってしまい、中流の家庭の女子（十五歳から十八歳の女子）はすべて「女子高生」というカテゴリーで括られることになった。

つまり、かつて売春婦となる十代の女性を供給し続けていた下層・貧民層というものは消滅してしまったわけだが、十代の女性に対する買春の需要というものはなくならない。そうなると、十代後半の女性というのは現代では「女子高生」しかいないわけだから、「女子高生」がその需要に応えるしかないということになってしまう。

しかし現在、学校教育の現場の「女子高生」には、かつての下層階級のモラルではなく、「良家の子女」のモラルが課せられている。つまり健全に育成されるべき存在である。そこで問題が生じた。すなわち、「女子高生」は、規範意識としては、かつての「良家の子女」を引き継ぐべきはずだったのが、それが「売春婦」になるという事態が生じてしまったのだ。

つまり、人類の歴史上、長い間続いていた「良家の子女」と「遊女・売春婦」との間の垣根が崩れてしまったかのように思われたのである。このことが、援助交際が社会問題として認識された大きな理由だったと考えられる。

宮台真司のトリック

さて、一九九〇年代に援助交際、すなわち「女子高生」の売春が社会問題となったとき、その立役者となったのが社会学者の宮台真司であった。宮台は援助交際の現場をフィールドワークの対象とし、当事者である女子高生たちに取材を行って援助交際の実態を明らかにしたとされている。少なくとも、宮台本人はそう主張している。しかしながら、その方法にはいくつもの問題点があった。

その問題点の一つは、取材対象の女子高生たちについて、最初からそれが「普通の女子高生」であることを前提としていたということだ。

宮台は次のように述べている。

近代以前の社会的流動性の低い時代には、鍛冶屋は代々鍛冶屋、百姓は代々百姓。そんな社会では、鍛冶屋を調べることで百姓が見えてくることはない。売春女子高生も皆は「不良」であり、「特殊」な家庭環境や生育環境から生まれると考えられていた。その「特殊」な環境を知ることは、不良女子高生を生み出した原因を知るのに役立つにしても、不良でない普通の子たちのことを知るのに役立つとは思われていなかった。まして分析者が自分のことを知るのに役立つなどとは思いもよらなかったのだ。

ところが現代の社会システムにおいては「偶発性」が過剰に高まっている。自分が鍛冶屋や百姓をやるかどうか、はたまた売春するかどうかは誰もがどうにでも選びうる問題になった。今では何の変哲もない女子高生がデートクラブに通い、テレクラや街頭ナンパで売春する。そういう子は女子高生全体から見れば確かに「一部」だ。だが「一部」は「特殊」ではない。たまたまキーパーソンが街頭でチラシを受け取って仲良しグループがぞろぞろデートクラブにやってくる。たまたま友達のサイフに札ビラがつまっているのを見つけて「どうしたの?」「援助交際したんだよ」「じゃあ私も」と売春を始める。

「一部」ではあっても「特殊」ではないことを「偶然」と言う。デートクラブに出入りするかどうか、はたまた売春するかどうかは偶然にすぎない。だからこそ、デートクラブの女子高生たちを調べることで、同時代の若い連中が置かれているコミュニケーションの文脈「一般」が見えてくるのだ。その意味で、社会的なフィールドワークは、同じく同時代を分析するルポルタージュとも違う。先の例で言えばルポ的な方法は、不良が売春した時代に、不良をとりまく家庭環境を調べるときに使われた。たとえば個別の子を追跡して、「A子はこんな家庭に生まれて、小学生時代はこんなだった。中学生時代になると先輩に誘われて……」という具合に記述していく。個別の因果性を辿りきったときルポの仕事は完結する。だが、社会学的フィールドワークにおいて、個別の因果性は、あくまで社会全体を知るためにこそ辿られる。

(『まぼろしの郊外』朝日新聞社)

すなわち、宮台によれば、売春する女子高生というのは、昔は「不良」であり、「特殊」な家庭環境や生育環境から生まれると考えられていた。しかし、今では「何の変哲もない女子高生」つまり「普通の女子高生」がふとしたきっかけで、つまり「偶然」で売春をはじめるというのだ。そういう社会になったのだ、というのである。

しかし、それは本当に「普通の女子高生」だったのか。それは本当に「偶然」だったのか。「たまたまキーパーソンが街頭でチラシを受け取って仲良しグループがぞろぞろデートクラブにやってくる」というが、この場合、「仲良しグループ」というのは、じつは、かつての「不良グループ」のように、同じ性格を共有した高校生の集団だったのではないか。

じつは、宮台の論述には明らかなトリックがある。宮台は、デートクラブに出入りする女子高生たちの素行を調査しているわけではないし、家庭環境や生育環境について詳しい調査をしているわけでもない。また、宮台の著述は一見、データが豊富そうにみえるが、よくよく読むと、肝心なところで、いい加減なデータが多い。「わたしが追跡した『都内』のある女子高では……」とか「多摩地区にある女子高では……」とかいったデータらしきものが、あちこちで示されているのだが、これだと母集団の選び方に作為があるのではないかと疑われるし、データの詳細もいまひとつ明らかではない。はっきり言って、こんなものはデータとして使えないし、こんなざっくりとしたやり方で、これが「普通の女子高生」なるものの実態だとか言われても、あまり説得力がない。ようするに、まともな調査もデータもなく、「普通の女子高生が売春するようになった」と勝手に主張していただけなのだ。

「普通の女子高生」の正体

たとえば、宮台は次のように書いていた。

最近では、学級委員をやり、勉強もでき、彼氏と熱烈な恋愛をし、家でも学校でも特に問題が見つからない女子中高生が、それにもかかわらず、あるいはそれだからこそパンツを売り、売春するケースが急増している。

（『まぼろしの郊外』朝日新聞社）

しかし、宮台は、このことを実証するデータを全く示していない。

そこで、以上のような宮台の主張を検証するようなデータがあるのかどうか探したところ、『デートクラブ等に出入りする少女の実態と性意識』（石橋昭良・石川ユウ・月村祥子・里見有功　犯罪心理学研究35（2）一九九七）という調査研究がみつかった。デートクラブ、テレクラ等を利用して警視庁少年第一課から補導された少女（十二歳〜十九歳）六四九名を調査しているのだが、それによると、それらの少女の逸脱行動の経験率は次のようであった。

怠学　六五・三％

無断外泊　四七・八％

飲酒	六五・〇％	家出	二八・八％
喫煙	六〇・七％	万引き	二三・四％

とくに、性経験のある集団に限って調べると、次のようになる。

怠学	七四・七％	無断外泊	五六・七％
飲酒	七七・八％	家出	三七・一％
喫煙	七七・〇％	万引き	三一・五％

これをみると、とてもではないが素行が良いとは言い難い。「普通の女子高生」というには程遠く、普段からすさんだ生活をしていたことがわかる。この時点ですでに「普通の女子高生がデートクラブ等に通うようになった」という宮台の主張は崩れている。

次に、家庭環境についてだが、これについては『性の商品化についての少女の意識に関する研究』（内山絢子　科学警察研究所報告防犯少年編37（2）一九九六）という論文がある。ここでは、売春防止法・児童福祉法等の福祉犯の被害者として保護された女子、四三三名（これを被害群とする）、および東京都・大阪府の公立中学・公立高校に在学する女子生徒、五八四名（これを一般群とする）に対して、性の商品化に関する意識や家庭での問題点などについて調査している。ここで家庭問題の有無についての調査をみてみると、次のようになる。

	被害群の女子高生	一般群の女子高生
親が自分のことをわかってくれない	三九・八%	一九・九%
父親と母親がよくけんかする	一八・一%	九・三%
父親とうまくいかない	一九・九%	一一・〇%
母親とうまくいかない	一五・二%	五・三%
両親の離婚経験がある	一五・八%	八・五%

このように、その差は歴然としている。それぞれの項目についておよそ二倍の開きがある。「被害群」の方が家庭環境に問題を抱えていることは明らかである。ようするに、風俗に手を染める女子高生は家族の絆が弱いと思われるのである。

つまり、こういうことだ。かつて河合隼雄は「援助交際は魂に悪い」と言った。この言葉は上野千鶴子や宮台真司によって思いっきり嘲笑されたが、じつは因果関係が逆なのである。援助交際が魂に悪いのではない。もともと家庭の温かさに恵まれず、生活がすさんでおり、魂が病んでいる少女たちが援助交際に走ったのである。

やはりセックスに必要なのは「愛」

次に、売春した女子高生の割合についてみてみよう。宮台はブルセラやテレクラに接触する女子高生が激増しているというデータを挙げ、「娘たちはパンツや肉体（のパーツ）を売りつづける」といい、女子高生が「パンツを売る」ことや「肉体を売る」ことをなんとも思わなくなってきている、と主張した。しかし、『制服たちの選択』等の宮台の著述をよくよく読むと、女子高生の売春に関する厳密なデータは挙げられていない。いくらブルセラに出入りする女子高生が増えたといっても、「ブルセラを売る」ことと「肉体を売る」ことを同列には扱えない。ブルセラを売る女子高生が、同じ感覚であっさり肉体を売るかというと、それは大いに疑問である。

そこで、まず、援助交際の盛んだった一九九〇年代にどのくらいの女子高生が援助交際をしていたのか調べてみると、データがいくつか出ている。よく知られているところでは、東京都生活文化局（一九九六）の調査で四・六％と出ている。『女性のためのアジア平和国民基金』（一九九八）の調査では五・〇％である。また、櫻庭隆浩（横浜国立大学）他の調査（二〇〇一）でも五・〇％と出ている。どの調査においても同程度の数字なので、これは信頼性が高いと思われる。

さらに、援助交際というのは、その実態に幅があり、必ずしも売春を意味しない。そこで、どのくらいが性交にまで至ったのか調べてみると、『女性のためのアジア平和国民基金』の調査では一・三％となっている。

次に、女子高生のセックス体験率について調べてみる。宮台はこの点をほとんど区別していないが、セックス体験率と売春率はまったく別の問題である。財団法人日本性教育協会のデータによると、セックス体験率は次のようになっている。

一九七四年	五・五％	一九九九年	二三・七％
一九八一年	八・八％	二〇〇五年	三〇・三％
一九八七年	八・七％	二〇一一年	二二・五％
一九九三年	一五・七％	二〇一七年	一九・三％

これをみると、一九九〇年代にはいって急激に増えているのがわかる。その後、二〇〇五年をピークに減少傾向にある。

次に、セックスにいたった理由を調べてみると、これについては「性感染症学会速報」によるデータがある（「日経メディカル」二〇〇三年一二月九日の記事に掲載）。

そこには苫小牧市で調査を行った結果のデータが出ているが、それによると、性交体験率は高校三年の時点で男子が五一・二％、女子が四八・三％である。

次に、セックスにいたった動機をみてみると、女子の場合は一位が「愛していたから」で六二・六％、二位が「ただ何となく」で二三・〇％、三位が「遊び・好奇心」で九・四％となっている。

ようするに、六割以上が「愛していたから」という純粋な動機であって、二位以下を大きく引き離している。

これについては、『女性のためのアジア平和国民基金』による報告書でも同じようなデータが出ている。それによると、「セックスの許容」という項目において、「愛があればセックスが行われてもよい」が六九％となっている。ちなみに、「愛のないセックスがあってもよい」は八％にすぎなかった。

また、同報告書によれば、「恋愛のイメージ」として「楽しい」が七五％、「幸せ」が七〇％となっており、「しばられる」一六％、「わずらわしい」一〇％といった否定的なイメージをこれまた大きく引き離している、

したがって、以上のデータをまとめると、結論は次のようになる。援助交際が盛んと言われた一九九〇年代にあっても、売春にまでいたった女子高生はごく一部である。そして、デートクラブ、テレクラ等に接した女子高生には非行歴があり、さらに家庭に何らかの問題を抱えていた可能性が高い。他の大部分の女子高生は恋愛に憧れ、恋愛によってセックスにいたっている――と。

ここで再び宮台の主張を見てみよう。宮台は、「普通の女子高生」が単なる偶然で簡単に売春するようになったかのように宣伝したのだが、それを裏付けるデータはない。また、宮台は「『恋愛』の観念が綻びつつある」だの「ロマンチック・ラブが解体しようとしている」だの、女子高生が恋愛というものに関してきわめて淡白になったかのように主張したのだが、それを裏付けるデータもない。

そうなると、むしろ浮き上がってくるのは、宮台真司の主張の特異性である。「愛と結びつかな

いセックスが当たり前になった」などいうことを、これほどまでに力説する人物というのは珍しいのである。

いや、正確に言えば、宮台と全く同じような主張をする人たちがいる。それは上野千鶴子をはじめとするフェミニストたちである。宮台真司もフェミニストも、愛を否定するという点では全く同じなのだ。さらに、両者にはもうひとつの共通点がある。それは家父長制への憎悪である。

宮台真司の隠されたイデオロギー

宮台の仕掛けた援助交際論議にはもう一つの側面があった。宮台の援助交際に関する「フィールドワーク」が世間の注目を集めたとき、これに猛反発したのがいわゆる保守論壇だった。したがって、この問題は、論壇においては、主に保守派論客と宮台との対立という形で展開した。しかし、保守派はなぜ援助交際に反発したのか。

宮台真司と上野千鶴子の対談（『論座』一九九八年八月号）によると、保守派にとって援助交際が脅威なのは、それが家父長制における二重規範（つまり父親はプロの娼婦を買ってもよいが、その娘が体を売ることは許されない）を破り、家父長制の足元を揺るがすからだという。しかしながら、この主張には無理がある。

第一に、娘の性を管理するという意味に限って言えば、家父長制はとっくの昔に機能しなくなっている。いまどき「勝手なセックスは許さん」などという父親はいないし、いても従う娘などいないからである。つまり、そういう意味では、すでに家父長制は機能を失っていたのであって、ことさら援助交際によってそうなったわけではない。

第二に、自分の娘が「体を売る」こと、それ自体は家父長制になんら反しない。実際、家父長制が強固だった戦前において、十代の娘が体を売ることは珍しくなかったが、それは娘の意志によるものではなく、あくまで家父長制の支配の下にあった。ようするに、「売った」のではなく、「売られた」のだ。

つまり、戦前、家父長制が強力であった時代においては、父親はその権限で娘を女衒に売り飛ばすことができた。娘は下層階級の父親から上層階級の父親へと売買されたのである。したがって、売春というものはもっぱら家父長制の下で女性が被る性的搾取として受け取られてきた。すなわち、売春は男権支配における悪であり、女性はその「犠牲者」であると。この図式ならわかりやすかったのである。

しかし、現在では父親にそのような権限はない。つまり、この問題をややこしくしているのは、家父長制が娘に対する管理機能を失ったのち、(ごく一部の)娘たちが自分の自由意志で売春を行うようになったということなのだ。そして、もうひとつは、すでに述べたように、それまで十代の娘を売春市場に供給し続けていた下層階級というものが消滅し、すべてが「中流」となった現代において、「中流」の娘が性を売るようになったということである。つまり、十代の売春が問題となったのは階級制度が消滅したからであって、家父長制は関係ないのである。

それでは、保守派が援助交際に反発したのはなぜか。じつは、保守派が反発したのは援助交際そのものに対してというよりも、援助交際についての宮台の発言に対して反発したのである。つまり、あたかも援助交際が家父長制を揺るがすかのように宣伝した宮台の言説に対して反発したのである。そして、これこそが宮台の真の目的であったと言える。宮台の主張の背後にあったのは、最初から反家父長制的なイデオロギーだったのである。

しかし、ここで宮台が巧妙なのは、表向きにはイデオロギー的な主張を一切しなかったことだ。自身のイデオロギーは背後に隠したまま、「これが現実だ」と主張したのである。「あなた方が何と言おうが現実はこれなんだ。現実を直視しろ」という形で攻めたのである。そして「現実」をみようとしないタテマエだけの社会を「ウソ社会」と非難した。

もともと「女子高生」とか「援助交際」とかいうのは論壇の立ち入りにくいフィールドである。よって、そのフィールドに「潜入」した宮台が「現実はこうなんだ」と言えば、それを受け入れるしかなかったのだ。そうした戦略上の有利さを利用して、宮台はその独自のデータ（？）と偏った取材によって、自分にとって都合よく脚色した「現実」を作り上げていった。しかし、その背後にあるのは、じつは反家父長制的なイデオロギーに他ならなかった。

宮台は「父権＝体制」の打倒というイデオロギーを旧来の左翼から引き継いでいる。ただ、旧来の左翼と異なるのは、そうしたイデオロギーを決して全面には出さず、古くからイデオロギー的対立のあった反戦・平和や歴史認識などのテーマを避けて、援助交際という新しい「仕掛け」を用いたことである。この点が新しく見えたのである。

しかし、援助交際（あるいはパパ活）が以前ほどには社会問題として認識されることがなくなった現在、宮台は抜きん出て有利なフィールドというものを失った。「ウソ社会」を「クソ社会」と言い換え、日本の現状をやたらネガティブにとらえて論じているが、このような姿勢はかつての左翼知識人にみられたものだ。その主張は従来の左翼と重なるものがあるが、従来の左翼よりも議論の幅を広げているので、「左翼」というわかりやすいレッテルを貼ることは難しい。しかし、左翼やフェミニストといった人たちには一定の共通した心的傾向というものがあり、宮台はそうしたものを共有していることがわかる。

第九章　売春はなぜ悪いのか（2）

それでは、なぜ売春は悪とされているのか。それを考えてみよう。

それは第一に、それが女性の社会的地位をおとしめるものだからである。女性の男性との関係は、歴史的にみて「娼婦」と「正妻」の二種類に大別されるが、女性が金銭で性的関係を結べば娼婦とみなされ、正式に結婚すれば正妻の地位を得る。もちろん、社会的な尊敬を得るのは後者であり、軽蔑されるのは前者である。

それでは娼婦が軽蔑されるのはなぜか。それは娼婦というものが男性の性欲の対象にすぎない存在として自分を位置づけるからである。男性は娼婦を性欲の対象としてしか見ない。すなわち、娼婦は性欲の捌け口としてのみ金を支払われる存在であり、社会においてなんら地位を得ない。年老いて性的魅力を失えばそれまでの存在となる。一方、結婚して正妻となった女性は夫と同等の社会的地位を得て、家の管理を任され、夫の死後は財産の相続権も有する。年老いては子ども（後継者）の母となり、孫の祖母となってその地位を占めることができる。

すでに述べたように、結婚というのは女性の象徴秩序への参入を意味する。女性は結婚によって象徴秩序にその地位を得る。すなわち、男性とフォーマルな関係を結ぶことでのみ象徴秩序にその地位を占めることができる。一方、金銭と引き換えに一時的な性的関係のみを結ぶ娼婦は象徴秩序にその地位を占めることができず、象徴秩序から排除された存在となる。社会的には「死」を意味する。

「娼婦」と「正妻」との間の壁

さらに言えば、「娼婦」と「正妻」との間の壁を越えることは非常に難しい。一度娼婦となれば、地位の回復は難しい。

宮台真司は「江戸時代や明治時代の文人や政治家には、吉原の太夫を正妻にめとるということが少しも珍しくなかった」(『学校を救済せよ』学陽書房)というが、これは検証を要することである。

享保五年(一七二〇)の『吉原丸鑑』には、遊女総数およそ三〇〇〇人が列記されているが、太夫の位にあったのは、そのうちわずか六人にすぎない(『売春の歴史』邦光史郎・杉村明　廣済堂)。さらに、「身請金は、まず五、六百両が普通、一流の遊女なら、なんのかの祝儀を含めて一千両はざらだった」という。ちなみに、江戸時代の「一両」の価値は、日本銀行金融研究所貨幣博物館の資料によれば、「当時と今の米の値段を比較すると、一両=約四万円、大工の賃金では一両=三十〜四十万円、お蕎麦(そば)の代金では一両=十二〜十三万円」である。そこで、ざっと一両=十万円とすると、身請金は最低でも五、六千万円かかったことになる。ようするに、身請けというのは、ずば抜けて美貌の遊女と大金持ちとの間に成立するものであって、そう滅多にあることではなかったと考えるのが妥当だろう。

ただし、身分制と公娼制が廃された現代においては、「娼婦」から「正妻」に転ずることは、昔ほど難しくはなくなったかもしれない。つまり、「娼婦であっても気にしない」という男性がいれば、その妻になることは可能である。しかし、実際問題としてそれはごく少数派であろう。

精神的に病んだ行為

そして第二に、売春はやはり精神的に病んだ行為であるということである。

本来ならば、セックスは本人にとっての大きな快楽であるはずである。ただし、セックスが快楽となるには条件があって、それは相手が自分の好きな（好みの）異性であった場合に限る。

もちろん、「愛」と「性欲」は別のものである。したがって、とくに好きではなくても、たんなる性欲の発散としてセックスすることはままある。とくに男性の場合は常に精液の分泌があるから、それを機械的に処理するために（対象を選ばず）セックスや自慰をすることは頻繁である（だからポルノや買春が必要になるわけだ）。しかし、好きな異性とのセックスが人生で最大の快楽であることに変わりはない。

セックスというのは、肉体と肉体を極限にまで密着させる行為であり、セックス以外にも、ハグとかキスとか、肉体を密着させる行為というのは、本来、好きな相手に対する愛情の表現である。好きな相手であれば、このうえなく楽しいが、逆に、嫌いな相手と肉体を密着させるというのは、このうえなく不快である。

ところが、娼婦は、どんなに不愉快な相手とでも金銭と引き換えにセックスしなければならない。たとえば、鈴木涼美はこんなことを述べている。

気持ちの悪い不潔なオジサンがいたとして、そいつに「お前Mだろ」なんてささやかれて乳とか触れられたとして、顔面笑っててても一枚剝けばメラメラと怒りが湧くのは事実だし、オカネが発生しなかったとしたら鼻血が出るまでひっぱたきたくなるし……。

（『身体を売ったらサヨウナラ』）

オカネが発生しなかったとしたら鼻血が出るまでひっぱたきたくなる――しかし、逆に言うなら、おカネさえもらえば、どんなに不快なことでもやるのか、ということだ。

しかも、それは単に不快というだけではない。セックスというのは、好きな異性に対して行う究極的な愛の行為と考えられている。それと同じ行為を嫌いな相手に対してするのか。貧困で追い詰められて売春しか生きる術がないのというならともかく、他にいくらでも仕事があって、生活にも困ることがないのに、そういうことを自分から敢えてやるというのは、どこか精神的に病んでいるのではないかと考えられるわけである。

前述の精神分析医、グリーンウォルドは、売春を精神的に病んだ状態とみなし、そこから立ち直らせることを「治療」であると考えた。グリーンウォルドは売春婦について次のように述べている。

私は女性をこの職業（売春）に就かせることを不可能にする状況はあると思う。できるだけ簡単にいえば、家庭と愛《ラヴ》と情愛《アフェクション》の絆によって結ばれている娘は決してコール・ガールにはならないのである。

（『コール・ガール』荒地出版社）

娼婦のプライドとは

上野千鶴子は「タダではやらせない」ことが京都の芸妓のプライドだと述べ、「こういう女性たちにとっては『タダでやらせる』ことこそ、自分の価値を貶めるもっとも愚かな行為となります」と述べている（『限界から始まる』幻冬舎）。これまた珍妙な言説である。

性を売る女性はセックスが仕事であるから、それが仕事である以上、「金をもらわなければセックスしない」というのは当たり前である。プライドとは関係がない。マクドナルドの店員は客がカネを支払わなければハンバーガーを渡さないであろう。それと同じことである。

それでは、性を売る女性は、客ではない男性に「タダでやらせる」ことが絶対にないのかと言えば、もちろん、それはあるのである。江戸時代の遊女は客ではない恋人（間夫）をつくることがあった（『遊廓と日本人』田中優子　講談社）。また、グリーンウォルドによれば、売春婦には必ずヒモがいて、売春婦はヒモに貢ぐのが普通である。現在では、ホストクラブのホストがその役割を果たしている。

上野の議論を見て気がつくのは、「女性は好きな男性とセックスをする」というごく当たり前のことを絶対に認めようとしないということだ。女性が好きな男性とセックスする場合は自分の方からセックスを望むわけだからタダでするに決まっている。つまり、「タダでやらせる」ことが「愚かな行為」だということは、裏を返せば、「好きな男性とセックスすることは愚かな行為」と言っているに等しい。ようするに、「男を好きになる女は愚かだ」というわけである。一般には不可解な発想だが、フェミニストの立場からすれば、そういうことになるのだろう。

ところで、風俗嬢にもプライドというものがないわけではない。そのプライドというのは、もちろん、「タダではやらせない」ことではなく、お客がいかに多額のカネを自分につぎ込んだか、ということなのである。鈴木涼美は次のように書いている。

> 私たちには、絶対に死ぬまで捨てる気にならない自負がある。私たちの身体は、かつてオトコたちがひと月に何百万も使う価値があったことだ。私たちが注ぐお酒は、居酒屋のバイトが注ぐお酒の何倍も高くて、私たちに会うには、それだけでオカネがかかかった。
>
> （『身体を売ったらサヨウナラ』）

これに対して、上野千鶴子は「『自分の（カラダの）ために一晩で一〇〇万円使った男』の存在が、その後の人生を支える誇りになるほど、女の誇りはちっぽけなのか」と述べている（『女嫌い』朝日新聞出版）。しかし、「タダではやらせない」ことが性を売る女性のプライドだと言っておきながら、それが高額で売れることを誇れば「ちっぽけ」だとけなすのは奇妙である。自分のカラダを商品とする以上、その商品についた値段がその商品の価値を決めるのだと考えるのは当然である。

グリーンウォルドは実質的に鈴木涼美と同じことを述べている。たとえば、娼婦には「一回百ドルの娼婦」と「一回千ドルの娼婦」というような厳格なランク付けがあり、ある娼婦は「自分は絶対に千ドル」だと断言して、それ以下では絶対に売らない。それが自分の娼婦としての「格」を決めるからである。この「格」というのは、かなり厳格なものであり、娼婦にプライドがあるとすれば、これである。つまり、象徴秩序にその地位を得られなかった娼婦たちは、自分たちの肉体にいくら支払われるかということによって、自分を「格付け」する以外にないのである。

しかし、娼婦にも大物といえるものが存在している。ヨーロッパには昔から高級娼婦というのがいて、身分の高い男性や各界の著名人を常連客として抱えていた。富豪の愛人となって、贅沢の限りを尽くし、相手を破滅させることもあった。皇帝や国王の愛人ともなると国を左右することにもなった。男性が富と権力を独占する世において、己《おのれ》の美貌と才知ひとつで、どんな男でも惑わせることができるし、その富や権力を思いのままにすることもできる——これが娼婦という存在の頂点といっていいのかもしれない。

性と人格は切り離せない

ここでいわゆるLGBTについて若干触れておきたい。

LGBT問題は人間社会でしか起こらない。動物には起こらない現象である。なぜなら、動物はあらかじめ生物学的に備わった本能に従い、本能から逸脱するような行動はしないからである。生物学的にオスであれば、オスとして定められた行動しかしない。

しかし、人間には、生物学的な性とは別に、文化的な性というものが存在している。つまり「男らしさ」「女らしさ」といったものや、男女の性的役割といったものが、文化慣習によって定められている。これは一般に「ジェンダー」と呼ばれている。

で、ほとんどの人は生物学的な性と文化的な性（ジェンダー）が一致しているのだが、これが一致しない人がいる。それがLGBTのうちの「トランスジェンダー」と呼ばれる人たちである。

トランス女性は生物学的には男性に生まれついても、自分は女性であると認識し、態度や服装や言葉遣いなどを「女性らしく」して、「女性らしく」ふるまう。すなわち、自分が女性であることを「文化的に表現する」のである。つまり、生物学的には男性に生まれついたとしても、文化的な性は女性だということになる。

しかし、そうなると、これは「男らしさ」「女らしさ」といった文化的な性差（ジェンダー）を解消しようとするフェミニズムの思想とは相容れなくなる。トランス女性は、まずジェンダーにおいて女性になるからである。

つまり、ジェンダーというものが存在しなければ、トランスジェンダーにはなりようがないのである。となると、トランスジェンダーの存在はジェンダーの枠組みを固定化することになる。実際、芸能界で活躍する多くのトランス女性をみると、見事に「女性らしく」ふるまっており、いかにジェンダーというものが強固なものであるかということを思い知らされる。

したがって、フェミニストがＬＧＢＴを支援すると、かえってジェンダーという文化における性の役割の違いを認めるしかないというジレンマに陥ってしまうのである（注＊）。


（注＊）このことは上野千鶴子も認識していたようである。『発情装置』（筑摩書房）二三三頁〜二三五頁。


で、ここで、あらためて強調したいのは、トランスジェンダーの存在によって、人間の性は生物学的なものではなく、人格的なものであるということが、はっきり示されているということだ。

すなわち、人間は生物学的に男性だから男性なのではなく、生物学的に女性だから女性なのではない。それが男性か女性かは、あくまで文化の中でジェンダーとして決定される。

「文化」というのは、すなわち「象徴界」と言い換えてもよい。「象徴界」というのは言語によって人工的に構築された人間世界の秩序の全体であるから、「文化」よりも、もっと広い意味を有する。

つまり、言い換えれば、「男性か女性かは、象徴界において定義され、決定される」ということになる。

すなわち、人間はまず生物学的に男性か女性かを決定され、その後に人格が築かれるのではなく、性も人格も生まれた後に象徴界で形成される。つまり、性（性自認）と人格は別々に形成されるのではなく、象徴界において不可分に形成される。ゆえに、ジェンダーと切り離された人格というものはあり得ない。

したがって、「女性とは何か」を考えることは、「自分とは何か」を考えることと同じである。女性が性を売る（売春する）場合、「女性であること」は単に男性のその場限りの性欲の解消の道具でしかないということになる。これは、普通の女性にとって屈辱以外のなにものでもない。

性は、パーツとしてその部分だけを切り離し、売ることができるものであり、それによって人格が傷つくことはないという主張がなされたことがあるが、それは誤りである。そういうことができるということは、それ以前に、すでに精神のどこかが傷ついているということなのである。

第十章　痴漢とレイプ

痴漢やレイプといった性犯罪は、フェミニストが必ずといっていいほど取り上げるテーマである。なぜフェミニストがこのテーマを好むのか。その理由は簡単で、性犯罪の加害者の九九パーセント以上が男性で、被害者の九九パーセント以上が女性だからある。ゆえにフェミニストは女性の立場から存分に男性を攻撃できるわけで、これはフェミニストにとって恰好の攻撃材料となっている。しかし、実際のところ、性犯罪は男女平等のイデオロギーとは何の関係もない。なぜなら、性犯罪は犯罪だからである。犯罪はイデオロギーで解決できる問題ではない。

痴漢とレイプの実態

犯罪は、いつの時代のどの国にも存在した。その国の政治体制やイデオロギーに関係なく存在した。したがって、制度的に男女の不平等が解消されても、犯罪そのものはなくならない。「男女平等」と「性犯罪」は全く別の問題なのである。

たとえば、社会制度の面において進歩しているといわれているスウェーデンは男女平等ランキングで世界第五位（日本は一二五位）だが、レイプ発生率は日本の六〇倍以上であり、レイプ大国と言われている（注＊）。

ただし、スウェーデンは「レイプ」を広く解釈しているので、単純には比較できない、とも言われている。

レイプには、それがはたしてレイプなのかどうかという、解釈の曖昧な領域がある。内閣府・男女共同参画局の二〇二〇年の調査によれば、レイプの加害者は「交際相手・元交際相手」が三二・二％、「配偶者」が一七・六％、「元配偶者」が一二・〇％、あとは「職場の上司・同僚」が八・〇％、「その他の親戚」が六・四％となっている。つまり、夫や彼氏など、知り合いによるレイプがほとんどなわけで、全く知らない相手にいきなり襲われるというのは全体のおよそ一割しかない。

ようするに、たとえ夫やボーイフレンドであっても、「今からセックスしてもいいですか」と相手の女性にはっきり合意を確認しなければならない。でなければ、（男性の側が合意を得たつもりになっていても）女性の側からレイプと判断されることになってしまうかもしれないのである。

いずれにしても、最終的には、それがレイプであるかどうかは女性の方が警察に通報するかどうかで決まる。レイプ件数としてデータに出ているのは警察が把握している件数だからである。日本の場合、意に反して性交された女性のうち、警察に通報したのは六・四％となっている。すなわち、日本では女性が泣き寝入りすることが多いのでデータに現れないのだということができる。そこで、被害に遭った女性が一〇〇％警察に通報したと仮定すると、日本のレイプ件数は一五・六倍に跳ね上がる。しかし、それでもスウェーデンのレイプ件数には遠く及ばない。

（注＊）二〇一〇年のスウェーデンの強姦の発生率は人口十万人あたりの警察の認知件数で六三・五四。日本は一・〇二である。なお、この年の日本の強制性交等の認知件数は一二九三件である。

次に痴漢である。

ＮＨＫの取材（二〇二二年）によると、東京都台東区ＪＲ上野駅の目の前にある私立岩倉高校（生徒の九割が電車通学）で調査したところ、女生徒のうち、二六・五％が痴漢の被害に遭っていたという。

ただし、痴漢被害は調査によってかなり異なった数字が出ており、警察庁の調査（二〇一〇年民間委託）によれば、首都圏と大阪、兵庫、愛知の電車で通勤・通学する女性（平均年齢三一・八歳）のうち、過去一年間に痴漢被害にあった女性の割合は一三・七％であった。

また、男女共同参画局の調査（二〇二一年　民間委託）によれば、全国で痴漢被害に遭った経験のある女性（十六歳〜二十四歳）の割合は一〇・三％であった。

都内の女子高生の痴漢被害率が異常に高いというのは、うなずける話である。ほぼ全員が電車通学で、しかも乗車率が二〇〇％を超えるような都心の満員電車で女子高生が毎日通学しているというのは、最も痴漢に遭いやすい状況と思われるからである。

被害女性の「割合」ではなく、痴漢した男性の「人数」を知ろうとすると、これがなかなか厄介である。とりあえず、痴漢の件数を知ろうとすれば、方法は主に二つある。

ひとつは痴漢の検挙件数から割り出す方法である。二〇二一年の痴漢の検挙件数を調べると、一九三一件となっている。もちろん、これは氷山の一角であると思われるので修正を試みる。先に述べた警察庁の調査によれば、被害に遭った女性の八九・一％が警察に通報しないという。そこで、被害女性の全てが通報し、かつ通報された痴漢の全てが検挙されたと仮定すると、痴漢の件数は一万七七一五件となる。

二つ目は、被害女性の割合から痴漢の件数を割り出す方法である。全国の十五歳から二十四歳までの女性の人口は五八五万人（二〇二一年）である。被害者の割合は男女共同参画局の調査の数字（一〇・三％）を用いるとすると、五八五万人の一〇・三％は約六〇万件である。検挙人員から割り出した痴漢の男性の数と比べると、三十倍以上の開きがある。差が大きすぎるが、このような大きな差が生じる原因としては、実際には痴漢の検挙率が非常に低いということが考えられる。知らない男から痴漢をされて逃げられたら、まず捕まらないということである。

しかし、それでは被害女性の割合から導いた痴漢の件数六〇万件をそのまま痴漢した男性の人数と見なしていいかと言えば、もちろん、それは正しくない。なぜなら、ひとりの男が何件もの痴漢をはたらく場合が十分に考えられるからである。

実際、性犯罪には強い常習性があり、性犯罪をやらかす人間は何回も繰り返すケースが多いという。たとえば、東洋経済オンラインの記事（二〇一八年六月十四日）には、じつに三十年間、痴漢を繰り返した男性の話が載っている。この男性は痴漢が日常化しており、通勤中の電車内ではほぼ毎日痴漢をしていた。また、埼玉県所沢市の住宅街で、無施錠の家を狙って侵入し、就寝中の少女にわいせつな行為をしたり、下着を盗んだりしていた男がつかまったが、埼玉県警が確認したところによると、余罪が一〇〇件にものぼった(FNNプライムオンライン 二〇二三年二月六日)。

したがって、痴漢をした男性の数を見積もるのはかなり難しいのだが、痴漢に常習性があるとして、仮に痴漢の男性一人あたり年十回の痴漢を行ったとすると、痴漢をした男性の数は年間約六万人ということになる。二十歳~五十九歳の男性の人口は三〇三九万人(二〇二一年)であるから、六万人を三千万人で割ると、〇・〇〇二ということになる。千人あたり二人である。つまり、痴漢をするのは、一部の病的な人間と考えるのが妥当であろう。

フェミニストは、「性犯罪の中の男性の占める割合」が九九%以上であることをもって、性犯罪を一般男性に共通の罪悪であるかのように論じるのだが、それはフェミニストのトリックである。「男性全体」からすれば、性犯罪を犯す男性の割合はごく微小である。ほとんどの男性は性犯罪とは無縁なのである。

比率的にはわずかな犯罪者の存在をもって、それをまるで男性一般の有する性格であるかのように論じ、男性一般を攻撃するというのは、かなり悪意のあるやり方である。

性犯罪に限らず、犯罪そのものは時代や民族や政治体制やイデオロギーと関係なく発生した。そしておそらく将来にわたって犯罪がなくなることは決してないだろう。もちろん、フェミニストの側もこれを解決できる問題だとは思ってはいない。フェミニストの根底にあるのは男性憎悪であるから、性犯罪をネタにして男性に対して思いきり憎悪感情をぶつけることさえできればそれでいいのである。犯罪というものが決してなくならないものならば、フェミニストはこれをネタにいつまでも男性を攻撃し続けることができる。これはフェミニストだけが有する特徴であって、普通の女性が性犯罪をネタにして男性一般を攻撃するなんてことはまずない。普通の女性にとっては普通の男性を攻撃するよりは、普通の男性と楽しく過ごすことの方がはるかに重要であり、人生にとって有意義だからである。

しかしながら、性犯罪に限らず、犯罪は男性の方がはるかに多いことは事実である。なぜ犯罪は女性よりも男性に多いのだろうか。それはそれで、議論すべき問題ではある。もちろん、議論は「女よりも男の方が凶暴だから」などという単純な結論で終わるものではない。それでは次に、犯罪というものが、なぜ起こるのか考えてみよう。

欲望は禁止されることによってつくられる（注1）

フロイトの精神分析の理論によれば、人間が他の動物と決定的に異なるのは、生物学的な本能としては定義できない過剰な性欲を有しているということである。つまり、人間の性欲というものは生殖（種の保存）のためにあるのではない。他の動物のように、本能で定められた明確な目的を持たない。つまり目的がなく、処理しきれない欲望のエネルギーを過剰に抱えているのだから、これは非常に厄介である。それでは、人間は一体どうすればよいのだろうか。

その唯一の解決方法は、欲望の目標となるものを、後から作為的に設定するということだろう。それしかない。

それでは、欲望の目標はどのようにして設定されるのだろうか。

ラカンによれば、それは「法で禁止する」ということによって設定される。すなわち、法で禁止されたものこそ、人間の過剰な欲望の目指す道である。すなわち人間の欲望の目的とは、法の禁止を破ることとである。このことを、ラカンは聖書からの次のような引用によって説明している（注2）。


それでは、どういうことになりますか。律法は罪なのでしょうか。絶対にそんなことはありません。ただ、律法によらないでは、私は罪を知ることがなかったでしょう。律法が「むさぼってはならない」と言わなかったら、私はむさぼりを知らなかったでしょう。

（パウロ「ローマ人への手紙」第七章　第七節）


つまり、邪悪な欲望があるから法がそれを禁じるのではない。法で禁じることによって、欲望が目覚めることになったのである。

法による禁止は人間の欲望を呼び覚まし、そこに快楽を生じさせる。快楽とはその本質において、「法を破ること」であり、タブーを破ることそれ自体である。

すなわち、法を守り、禁欲することが人間としての高潔で道徳的な人格形成を可能にするのであるが、じつは一方で、人間の人格形成の原点において、法の禁止を破ることこそが、最大の快楽として設定されているのである。したがって、このことは不可避的に、人間であることの「やましさ」、「罪の意識」を生じさせることになった。そしてその罪をあがなうことの必要性が生じ、宗教による「救済」ということが空想されたのである。

（注1）この節より以降は、拙著『平和と人権というファシズム』の第五章の内容を大幅に省略し、かつ大幅に加筆したものである。
（注2）Jacques Lacan『L'éthique de la psychanalyse』

なぜ「制服」に欲情するのか

人間の欲望のメカニズムについて、さらに詳しく論じてみよう。

最初に、次のことを考えてみる。

人間は（日本人はというべきか）、なぜ「制服」に欲情するのだろうか。

女性が最初からハダカでいるよりも、制服を身にまとっていて、徐々に脱がされたり、乱れたりするシーンの方が、はるかにエロティックなことが多い。

なぜなのか。

「制服」は、それを着ている女性が公共性の高い秩序ある組織に属していることを示す記号（シニフィアン）である。公共的な、しかもことさら高いモラルと規律とが要求されるような場所では、そこに属する女性に対して、みだらな、情欲の目を向けることが、本来固く禁じられているのは言うまでもない。しかしだからこそ、そういう固く禁じられたものに対してことさら強い情欲を感じてしまう。ようするに、禁じられたものに対して欲情する――これが、人間の性欲の際立った特徴なのである。すなわち、すでに述べたように、人間は「本能的に欲情する」ということはないから、「禁ずること」によって、作為的に欲情を駆り立てるほかはないのである。まとめると、

1. 人間は、女性性器そのものに対しては欲情しない。
2. 人間は、禁じられたものに対して情欲する。

ゆえに、女性性器に対して勃起させるにはどうすればいいのか？　それはズバリ、

3. 女性性器を見ることを禁ずること。

だということになる。

つまり、警察が「わいせつ罪」によってポルノを取り締まるのは、男性を性的不能にしないため

なのである。警察は、それが「わいせつ」だから取り締まるのではない。「わいせつなもの」を作為的に設定することによって、人をそれに対して欲情させるために取り締まるのである。ポルノ産業を繁栄させ、人間の性欲を促進させるために取り締まるのだ。したがって、「わいせつ」の定義が曖昧だなどと言われたが、「わいせつ」の定義が曖昧なのは当たり前なのである。最初から明確に「わいせつ」なものなど、ありはしない。それは人間の性欲を促すために、後から作為的に設定するものだからである。「これがわいせつですよ」と指定し、それを禁止してあげないと、人間はそれに対して勃起しないのである。人間がコーフンし、勃起するためには、「わいせつ性」はどうしても必要なものなのだ。

タテマエは守られなければならない

快楽とは、タブー、道徳を破ること、それ自体である。つまり、最初に厳しい規律や道徳が設定されており、それ破ることによってのみ、強烈な快楽が得られる。これは、快楽の本質的な部分である。すなわち快楽というものは、日常、昼間の社会秩序というものに対し、その裏側、暗部、闇、といった部分に生じる。すなわち「光」には必ず「影」があり、そうした対比があって、はじめて快楽を生ずるわけである。

したがって、古来、人間社会というものは、「タブー」と、その「侵犯」という二項対立によって成り立ってきた。前近代においてはキリスト教などの宗教がタブーを設定し、人々はそれによって生じた「悪徳」によって、いくらでも快楽を貪ることができた。現代では、網の目のように張り巡らされた法秩序によって形成された管理社会というものがそれにとって代わっている。しかしながら、現代においても、「タブー」とその「侵犯」の二項対立、言い換えれば「光」と「影」の二項対立が「快楽の装置」となっていることに変わりはない。

現代社会において、「影」の部分は排除され、管理され、あるいは隔離されていくように見える。しかしながら、人間社会の必然として、「影」の部分は必ずどこかに、法の網の目をかいくぐり、姿形を変えて出現する。都市やインターネットの隙間に出現する。たとえば、かつてオウム真理教のような怪しげな宗教が一定の勢力を得たのも、じつはこうしたことに理由があるのである。オウム真理教は、明るく照らされた現代社会において、数少ない「闇」を提供してくれる。人々は、そこになんだか、いかがわしい快楽の匂いをかぎつけ、入信する。これはまさしく、かつての援助交際やデートクラブと共通したものがある。これらのことは、ある程度仕方のないことだといえる。この世に完全に清潔な社会などというものはあり得ない。つまり、このことは「人間社会の構造」であって、現代社会における深刻な矛盾といったものではないのである。

宮台真司は、あたかも社会の深刻な矛盾を突くような主張として、大人のタテマエ（ウソ社会）といったものが攻撃したが、しかし実際には、タテマエとホンネの分離といったものこそが「人間」という存在を根底から支えている。人間社会は本質的にタテマエの社会であって、タテマエのない人間などいるわけがないのである。

すべての欲望はフェチである

ここまで、法による禁止こそが欲望を目覚めさせ、快楽を生じさせると論じてきた。それでは、人間にもたらされる最初の法の禁止は何か。それは、母親との近親相姦の禁止である。男児の場合、この禁止を受け入れ、象徴界に移行する。と同時に、この禁止によって男性は自己の欲望をもつ。言い換えれば、欲望は象徴界においてはじめて発生するものなのである。それでは、人間の欲望はどうやって満たされるのか。たんに欲しいものを手に入れることによって満たされるのだろうか。そうではない。

欲動の満足とはいったいどういうことでしょうか。あなたは言うかもしれません。「え？それはまったく簡単なことじゃないか。欲動の満足とはその目標に到達することさ」と。野獣は穴から出てきて食べ物を見つけると満足して消化する、というわけです。そのようなイメージを思い浮かべるということこそが、欲動をまさしく欲動という神話と共鳴させてしまっていることを示しています。

（Jacques Lacan『Les quatre concepts fondamentaux de la psychanalyse』）

人間の欲望のメカニズムは動物の本能とは全く異なるものであり、ただ単に獲物を手に入れることで満足するというものではない。

そもそも欲望は、その発生の時点において、禁じられることによって発生するのであるから、解禁されれば消滅する。したがって、欲しいと願っている対象そのものは手に入らない。これは、たんに「欲しいものが手に入らない」ということではない。そうではなくて、それを手に入れることそれ自体が欲望の充足とはならないということなのである。つまり、原初の欲望の充足は原理的に不可能なのである。対象への欲望というものは原理的に満たされない。その置き換えが起こるのである。すなわち、

「女性性器」→「女性の下着」→「女性のコスチューム」


である。このように、欲望の対象は常に別のシニフィアンへと置き換えられる。これが人間の欲望の形であり、快楽なのである。これは、一般にフェチと呼ばれるものであるが、第五章で述べたシニフィアンの連鎖の構造と同じものである。すなわち、シニフィアンの連鎖によって、意味と快楽が生じるのである。

男性は「女性性器」を欲望するのではない。「隠された女性性器」を欲望するのであり、さらには女性性器を隠している下着に対して欲望するのであり、さらには下着を覆うコスチュームに対して欲望するのである。このように人間はシニフィアンからシニフィアンへと欲望を拡大させてゆく。まるで蜃気楼を追いかけるように、欲望は常に変転する欲望の運動としてのみ存在する。これが象

徴界における男性の欲望と快楽の構造なのである。

幻想が欲望の支えです。対象は欲望の支えではありません。主体は、たえず複雑さを増してゆくシニフィアンの集合との関係で、欲望するものとして自らを支えています。

（Jacques Lacan『Les quatre concepts fondamentaux de la psychanalyse』）

さて、これまで論じてきたのは男性の欲望についてである。次に女性について述べよう。女性にフェチは存在しない。これは男性と女性との際立った違いである。それでは、なぜ女性にフェチは存在しないのか。それは、女性は象徴界に属さないからである。女性は象徴界（すなわちシニフィアンのネットワークによって構築された世界）には属さないため、シニフィアンの断片（部分、パーツ、コレクション等）には興味を示さない。つまり、象徴界に属する男性と、そうでない女性とでは、欲望のメカニズムがまったく異なるのである。

すでに述べたように、男児も女児も原初の性愛の対象は母親である。しかし、男児は母子相姦を厳しく禁止されるが、女児は母子相姦の禁止が曖昧であり、母親との癒着が強く残存する。女児の場合、のちに性愛の対象が母親から父親（すなわち異性）に転換され、そこから女性のエディプス・コンプレックスが始まる。したがって、女児も（父親との）近親相姦の禁止を受けるが、それは原初の母子相姦の禁止に比べると、かなり弱いものといえる。これは禁止の程度が緩いという意味ではない。父親との癒着はあくまで二次的なものであり、母親に比べると最初から結びつきが弱いため、癒着の禁止によってもたらされる「去勢」の効果が期待できないということなのである。したがって、女性は依然として母親との癒着（想像界）から完全に脱しきれず、象徴界への移行が不完全になる。したがって、女性の欲望は部分としてのシニフィアンへの欲望ではなく、象徴界の外から象徴界を象徴する特権的なシニフィアン（ファルス）を欲望するという形をとる。

一方、「男性」は象徴界において欲望の主体（ファルスを持つ者）として成立する。象徴界における欲望の主体――これが「男性」であることの定義である。欲望は象徴界において男性の欲望として発生し、欲望の発生なくして快楽はない。したがって、女性は男性の欲望を欲望し、男性の欲望の対象として自己と自己の快楽を実現する。

男性の欲望を否定するだけのフェミニスト

しかし、欲望は両刃の剣である。すでに述べたように、欲望とは本来、禁制を破る欲望であるから、その根源において背徳的であり、本質的に邪悪なものである。したがって、欲望の主体であるところの男性をその欲望の邪悪さのゆえに非難することはいともたやすいことである。

すなわち、すべての欲望は悪である。そして欲望するのは常に男性だから、「すべて男が悪い」ということになる。女は常に男の欲望によって迫害される存在である。これがフェミニズムにおける基本的な定式である。

それでは女性の方はどうかというと、女性は欲望しない（ことになっている）。というより、フェミニスト自身が女性の側の欲望に突っ込んで触れることを避けたがる。欲望のないところに悪は生じ得ないから、女性が悪であることはあり得ない。したがって、言い換えれば、フェミニズムにおいてなされていることは、男性の欲望を否定すること、ただそれだけなのである。

ところが、男性の欲望を否定することは象徴界の否定であり、ひいては文明の否定につながる。すなわち、フェミニズムというものが究極にまで先鋭化すれば、それは人類の文明全体を否定することになる。フェミニズムが生み出すものは何もないのである。

第十一章　東京医科大学・女子受験者差別事件

二〇一八年八月、東京医科大学が入試で女子受験者の得点を一律減点にしていたという事件が発覚し、これがフェミニストにとっての格好の標的となった。しかし、これはフェミニストが考えるような単純な差別問題として片づくような問題ではない。むしろ、医療問題の難しさを改めて感じさせるような事件なのだが、まずは次の記事からご覧いただきたい。

『東京医大の女性差別を医師の六五％が「理解できる」と答えた真の理由』（奥田由意　ダイヤモンドオンライン二〇一八年九月三日）より一部引用する。

東京医科大学が医学部医学科の一般入試で女子受験者の得点を一律に減点し、合格者数を制限していたことが判明。大きな反響とともに、女性差別への批判を呼んだ。しかし、問題はそれだけにとどまらない。女性医師対象のウェブマガジンjoy.netを運営する、医師向け人材紹介会社エムステージが、同サイトの会員を中心に緊急アンケートを実施したところ、今回の大学の対応を「理解できる」「ある程度は理解できる」と回答した医師が六五％にのぼったからだ。回答からは、いま現場で求められている働き方では、女性医師が出産を経て働き続けることはきわめて困難であるという実態を反映するかのような、諦めの声も多く聞かれる。……「理解できる」「ある程度は理解できる」とした人の自由回答では、「そういうものだと思っていた」「そのつもりでトップ層に入るよう勉強してきた」「自分も妊娠中や育児中にまわりに負担をかけていたので理解できる」という意見が散見され、女性差別が所与のものとされている現状が明らかになった。

また、「体力的にもきつい当直の穴埋めをするのは非妊娠女医と男性医師」、「独身女医としてはママ女医の仕事を全て被っている。女医の数を制限した方が職場は上手く回ると思う」、「女性医師はマイナー科（眼科や皮膚科）に偏りがち」という声もあった。

意外にも、女性医師の半数以上が、医科大学の女性差別を「理解できる」「ある程度は理解できる」としたのである。

「男女平等」だけでは解決しない

ここでの論点は主に二つある。ひとつは、医療現場の声として、女性が医療に携わるにあたっては、どうしても身体的、体力的な限界があるということである。ようするに、硬直化した男女平等原理主義を現場に押し付けると、医療現場にひずみや負担が生じてしまうということだ。

もちろん、あくまで男女平等を徹底させるべきであって、体力的に劣る女性医師や妊娠・育児中の女性医師にも配慮した職場環境を整えるべきだ、という理想論は当然予想される。しかし、ただでさえ医療現場は極めて過酷だと言われている。日本経済新聞（二〇一八年十月三十日）に次のような記事がある。

政府は三十日、過労死の現状や取り組みをまとめた二〇一八年版の「過労死等防止対策白書」を閣議決定した。白書では、医療業界の厳しい勤務実態が浮かび上がった。白書は、労災認定の一つの目安となる「過労死ライン」とされる残業が月八〇時間か、月一〇〇時間を超える医師の人数を調査。八〇時間超の勤務医がいるとした病院は二〇・四％、一〇〇時間超の勤務医がいるとした病院は一二・三％あった。「無回答」とした病院も約四割あった。

こうした現状の中、妊娠・育児中の女性医師に配慮すれば、他の医師にそのしわ寄せがいくのはわかりきった話だ。これ以上の負担はかけられない。となると、必然的に医療現場全体の労働条件を改善すべきだということに話は発展する。しかし、その議論をする前に、是非とも読んで欲しい記事がある。

『みんなが休暇一カ月取っても回る本当の意味』（雨宮紫苑　東洋経済オンライン　二〇一八年八月二十二日）より一部抜粋。

欧米の有給休暇消化率を踏まえて、日本もそれに見習おうという意見も目にします。たしかに長期休暇、バカンスはヨーロッパの多くの国で認められた権利です。ドイツもまた、毎年一カ月の休暇を取る国としても知られています。

でもその数字だけを見て「みんな休暇を取っても仕事が回る。さすがドイツ!」なんていう主張には、ちょっとツッコミを入れたくなってしまいます。

誰かが休暇を取れば、仕事は滞ります。バカンスに最適な夏はとくに、オフィスがガラガラになります。この前なんて、税務署に行ったら租税条約の担当者と確定申告の担当者が両方休暇中で、その後に行った歯医者もまた休暇で閉まっていて、処方箋をもらおうとホームドクターのところへ行ったら、彼女もまた休暇中でした。ちなみに、たまに行くカフェもお休みだったし、駅に入っている安いアジアンレストランも閉まっていました。

「みんな休暇が取れていいじゃないか」というのは、あくまで自分が休暇を取る側の話です。仕事を依頼した側、ユーザー側に立ってみましょう。バカンスのせいで全然仕事が回っておらず、手続きがなにも進まない。担当主義なので、「それは担当者じゃないとわからない。担当者が帰ってくるのは一カ月後」と言われる。これが、「休暇が取れるドイツの姿」なのです。

「みんなが休暇を取っても仕事が回っている」なんて大真面目に言う人がいますが、ちょっと考えてみればいろんな弊害があることを想像できると思います。

つまり、日本人は病気になったらすぐに医師が診察してくれることを当たり前のように考えているが、ヨーロッパの国々では全然当たり前ではないということだ。ヨーロッパのように、働く側の労働条件を改善すれば、その裏返しとして一般市民への医療・福祉サービスの質は落ちることは避けられない。日本のような患者第一の医療サービスは、医師の激務によって支えられているのである。

女性医師が産休も育休も十分とれて、他の医師にも負担がかからず、しかも患者への対応も万全などという夢のような国は世界のどこにも存在しない。ただ単に男女平等原理主義だけを押し通して済む問題ではないということは理解しておくべきだ。

優秀なリケジョは医学部に集中する

そして、この問題にはもうひとつの重要な側面がある。

医師の西川史子は、女子受験者の得点を一律減点していたことを「当たり前」だとし、その理由として「上から採っていったら女性ばかりになってしまうんですよ。女の子のほうが優秀なので」（『サンデージャポン』TBS系　二〇一八年八月五日）と述べた。しかし、女子の受験者を一律減点にしなければならないのは、必ずしも女子の方が優秀だからではない。男子と女子の平均点がほぼ同じ場合でも、男子の方を多くとろうと思えば、女子の受験者を一律減点にしなければならないのである。

じつは、この問題の重要なポイントは、単純にどちらが優秀かということではなく、優秀な理系女子が医学部ばかりに集中してしまう、ということなのである。

次の記事をご覧頂きたい。『東大理Ⅲ合格トップは女子校　桜蔭が灘高超えのわけ』（日経電子版二〇二二年四月十七日）という記事から一部を引用する。


東京大学の最難関科類といわれる理科Ⅲ類（医学部医学科に進学するコース）。二〇二二年の合格者数でトップに立ったのは桜蔭高校。これまで灘高校や筑波大学付属駒場高校、開成高校の男子校ビッグスリーがトップを競ったが、初めて女子校が首位になった。女性ドクター時代の象徴的な出来事かもしれない。

「天才タイプの子はあまりいないのでは。コツコツ努力の桜蔭ですから。まあ、負けん気の強い子が多いですが、見た目は至って普通ですね」。桜蔭出身の東大医学部医学科の女子学生は笑いながらこう話す。


理Ⅲは「天才集団」とも呼ばれるが、冨田（鉄緑会）会長は「実はジェネラリストの方が有利。数学の天才だが国語が今一つでは合格はおぼつかない。国英数理でいずれも高得点しないと受からない」という。そういう意味では努力型の桜蔭生には向いているのかもしれない。

実はこれまで理Ⅲ合格トップを走ってきたのは灘高だった。一三年には二十七人が合格するなど約三割を灘出身が占めたが、二〇年に十四人、二一年に十二人、そして今年十人と三年連続で合格者が下がっている。しかし、冨田会長は「東大理Ⅲに合格できる実力がありながら、理Ⅰに回る灘生もいる」という。

灘高のある教師は「灘の生徒は自分の自由な意思で志望先を決める。常に成績トップ層が理Ⅲを目指すわけではない。今年、トップは京都大学に進んだ。ＩＴ系などに興味があると理Ⅰなどの工学系に進む生徒も増えている」という。

「医師になるより、ＡＩ（人工知能）で起業した方がもうかるし、面白いのでは」（灘高出身の東大工学部三年生）という男子学生も増えている。実際、経済産業省がまとめた二〇年の大学発ベンチャーの数は東大が三百二十三社と急増しており、大学別では断トツだ。

一方、ビジネス界では大企業トップはいまだに男性が圧倒的で、成功した女性起業家も少ない。桜蔭出身者も著名な医師や弁護士はたくさんいるが、実業界では影は薄い。さらに弁護士など法曹界や官僚の人気も下がっているため、成績優秀な女子生徒は、医学部志向が一段と強くなっているのだ。

ようするに、男子の場合は優秀な生徒が医学部に行くとは限らない。理工系に進んでハイテクベンチャーを目指した方がいいと考える男子は多いのである。一方、女子は地味な努力型が多く、将来的にも確実で安定した高収入の見込める医学部に行きたがる。つまり、男子の場合は優秀な生徒が複数の学部に散らばるのに比べ、女子は医学部に集中する。したがって、医学部受験はどうしても男子が女子に押され気味になるという傾向が生じる。となれば、将来的には女子の医学部合格者が男子を上回り、女性医師の数が男性医師を上回るような事態になるかもしれない。そうなれば、医療の現場は本当に大丈夫なのだろうか。担当医師が突然の休暇で不在になったり外科医が不足したりするようなことにはならないのだろうか。男女平等原理主義者がそこまで問題を深刻に考えて発言しているとは思えない。

上野千鶴子の東大祝辞のデタラメ

このように、東京医科大学の女子受験者一律減点の事件は、その背後に医療現場の複雑な事情を抱えているのだが、おおかたのフェミニストには型通りの女性差別問題として受け取られただけであった。その典型的な例が上野千鶴子の東大入学式における祝辞である。その祝辞の冒頭の部分を次に引用する。

その選抜試験が公正なものであることをあなたたちは疑っておられないと思います。もし不公正であれば、怒りが湧くでしょう。が、しかし、昨年、東京医科大不正入試問題が発覚し、女子学生と浪人生に差別があることが判明しました。文科省が全国八十一の医科大・医学部の全数調査を実施したところ、女子学生の入りにくさ、すなわち女子学生の合格率に対する男子学生の合格率は平均一・二倍と出ました。問題の東医大は一・二九、最高が順天堂大の一・六七、上位には昭和大、日本大、慶応大などの私学が並んでいます。一・〇よりも低い、すなわち女子学生の方が入りやすい大学には鳥取大、島根大、徳島大、弘前大などの地方国立大医学部が並んでいます。ちなみに東京大学理科三類は一・〇三、平均よりは低いですが一・〇よりは高い、この数字をどう読み解けばよいでしょうか。統計は大事です、それをもとに考察が成り立つのですから。

女子学生が男子学生より合格しにくいのは、男子受験生の成績の方がよいからでしょうか？全国医学部調査結果を公表した文科省の担当者が、こんなコメントを述べています。「男子優位の学部、学科は他に見当たらず、理工系も文系も女子が優位な場合が多い」。ということは、医学部を除く他学部では、女子の入りにくさは一以下であること、医学部が一を越えていることには、なんらかの説明が要ることを意味します。

事実、各種のデータが、女子受験生の偏差値の方が男子受験生より高いことを証明しています。まず第一に女子学生は浪人を避けるために余裕を持って受験先を決める傾向があります。第二に東京大学入学者の女性比率は長期にわたって「二割の壁」を越えません。今年度に至っては一八・一％と前年度を下回りました。統計的には偏差値の正規分布に男女差はありませんから、男子学生以上に優秀な女子学生が東大を受験していることになります。第三に、四年制大学進学率そのものに性別によるギャップがあります。二〇一六年度の学校基本調査によれば四年制大学進学率は男子五五・六%、女子四八・二%と七ポイントもの差があります。この差は成績の差ではありません。「息子は大学まで、娘は短大まで」でよいと考える親の性差別の結果です。

これはいろいろと問題のある発言である。
まず、次のくだり。

全国医学部調査結果を公表した文科省の担当者が、こんなコメントを述べています。「男子優位の学部、学科は他に見当たらず、理工系も文系も女子が優位な場合が多い」。

ここにある「全国医学部調査結果を公表した文科省の担当者」のコメントは、二〇一八年九月四日の時事ドットコムの記事に出ているが、上野の引用は正確ではない。正確には、次のように述べている。

文科省大学入試室の山田泰造室長は「男子優位の学部、学科は他に見当たらず、特徴的。理工系も文系も合格率は女子が優位な場合が多い」と指摘し、回答内容を詳しく分析する考えを示した。（傍点引用者）

違いがおわかりだろうか。上野は「理工系も文系も女子が優位な場合が多い」としているが、文科省の山田室長は「理工系も文系も合格率は女子が優位な場合が多い」と述べているのである。上野は「合格率は」の部分を省いているのだ。この部分があるとないとでは、大きく意味が異なってくる。

合格率について、「女子が優位な場合が多い」のはうなずける。ようするに、女子は無理をせず、合格安全圏の大学を受ける傾向があるからである。実際、上野自身が「女子学生は浪人を避けるために余裕を持って受験先を決める傾向があります」と述べている。

これは、具体的に言えば、模試の成績で東大がC判定だったような場合、「無理して東大を受けずにワンランク落として受ける」といったようなことである。女子受験者がこのようにランクを下げて安全圏の大学を受ける場合、その合格率が上がるのは当たり前である。したがって、このことは学業成績そのものについて女子の方が優位であることを全く意味しない。

そしてさらに、上野は次のように言う。

事実、各種のデータが、女子受験生の偏差値の方が男子受験生より高いことを証明しています。

これもまた問題のある発言である。すでに述べたように、女子の合格率が高いことは、女子の方が偏差値が高いことを意味しない。また、男女別にデータを出している大学受験予備校はないから、

「女子受験生の偏差値の方が男子受験生より高いことを証明」するような「各種のデータ」などというものも公開されていないはずである。もし仮に、そのようなデータがあるというなら、具体的な数字をもって示すべきである。

なお、中学受験塾の一部では、男女別の偏差値を出しており、男女共学の中学校の合格偏差値は女子の方が高く出ることがある。しかし、それは男女別に得点を集計する場合であって、このとき男子の方が平均点が高くなる。すると、同じ得点をとっても女子の方が（女子の中での）偏差値が高めに出てしまうのである。

つまり、こういう議論はデータの扱い方によくよく注意すべきなのである。女子の方が合格率が高いから女子の方が偏差値が高いとは言えないし、女子の方が偏差値が高いから女子の方が平均点が高いとも言えないのである。

上野の間違いはまだある。次の文章である。

> 第二に東京大学入学者の女性比率は長期にわたって「二割の壁」を越えません。今年度に至っては一八・一%と前年度を下回りました。統計的には偏差値の正規分布に男女差はありませんから、男子学生以上に優秀な女子学生が東大を受験していることになります。

これまた、いまひとつ意味不明な文章である。仮に男女とも正規分布をなすとしても、平均点や標準偏差には差があるかもしれない。たとえば、女子は中位の層が厚く、男子は上位と下位の両極にわたって幅広く分布していれば、東大のような最難関大学は男子の合格者が多いということになる。

いずれにしても、上野の言うことはあちこちが不正確であり、東大の入学式でこれだけ間違ったことを言うというのもどうかと思われる。

能力主義で選んだ結果、女性がいないだけ

最後に、実際のところ、男女に学力差はあるのだろうか。これについて検索してみたが、そのようなデータを出しているところはそれほど多くない。OECDの学力調査によれば、数学では男子が優位であり、読解力では女子が優位であるという。数学に関しては、東京理科大学が独自に調査を行っているが、やはり男子がやや優位という結果が出ている。また、二〇二一年の数学オリンピックの本選受験有資格者（予選突破者）を調べてみると、二四七人中、女子はわずか十八人に過ぎなかった（注＊）。数学の才能ということになると、男子が圧倒しているようである。

ところが、上野千鶴子はこんなことを書いている。

そういえば比較的能力主義が通用している研究者の世界で、こんなことがありました。先端分野で国際競争にしのぎを削っているある理系の男性研究者が、こう言いました。「ウチの

研究室では女性差別なんてありませんよ。差別なんかしていたら、競争に負けてしまいます」。「ところで先生の研究室には女性はいらっしゃいますか」と尋ねたわたしに、かれはぽかんとして「いません」と答えました……ふしぎですね。

（『女たちのサバイバル作戦』文藝春秋）

どこが「ふしぎ」なのだろうか。能力主義で選んだ結果、女性がいないだけの話ではないか。数学の能力では男子がまさっていることはデータ的にはっきりしている。何もかも男女平等のイデオロギーの通りにはならないのである。

（注＊）数学オリンピックの本選受験有資格者は男女の区別をして発表しているわけではないが、受験者の氏名と所属する学校で区別することができる。なお、区別できない者は女子としてカウントした。

第十二章　「女系天皇」論の無意味

今上天皇に男子が誕生しないことから、「女系天皇」をめぐる議論がわき起こり、悠仁さまが誕生してからも、この問題はくすぶり続けている。

「女系天皇」の支持者は、ごく大雑把にいって二種類に分かれる。ひとつは左翼の立場であって、男女平等の観点から女性にも皇位を継がせるべきだというもの。もうひとつは一部の保守の立場であって、皇統の存続を考えた場合、女性にも継承権を認めた方が、皇統の存続がより安泰になるという考え方である。小泉政権時代における皇室典範改正の動きや、漫画家の小林よしのりの『新天皇論』も、こうした一部の保守の立場によるものだ。

保守論壇の多くは、あくまで男系存続を支持しているが、小林よしのりは、そうした人々を指して「ファナティック男系」「男系絶対主義者」などと呼んでいる。しかし、男系に固執する人々を、ことさら「男系主義」だと非難するのは正しくない。なぜなら、世界人類の歴史において王朝はすべて男系が原則であったからである。王朝は男系であることが世界人類共通の原則なのだから、男系に固執するのは当たり前なのである。「男系」は特殊なイデオロギーではないし「主義」でもない。

古代バビロニア、古代エジプト、古代インド、古代中国、古代ローマ、フランク王国、神聖ローマ帝国、イスラム王朝、イギリス、フランス、ロシアの王朝――いちいち具体例を挙げてはきりがないが――世界の王朝は、全て男系が原則である。

ただし、これには一般にカン違いされやすい面がある。それは、かつて日本では女性の天皇が存在し、イギリスでは女性の国王が存在したではないか、ということである。これらの事例が誤解を招く元になっていると思われるが、厳密に言えば、これらは「女性」であっても「女系」ではない。

そのことを説明するために、まずは日本の皇室とヨーロッパの王朝との違いを、はっきりさせておきたい。

日本の皇室とヨーロッパの王朝との違い

日本の皇室の特殊性として、誰もがすぐに思いつくのは「万世一系」だろう。日本では有史以来、唯一の王朝（唯一の男系）が途絶えることなく存続してきたのであり、そういう意味で、中国やヨーロッパのように、王朝の交代というものはなかった。その必然的な結果として、この日本には皇室に匹敵する高貴な家系というものは存在していない。天皇家だけが、あたかも富士山のごとく聳え立つ、日本で唯一の王家なのである。

一方、ヨーロッパでは常に複数の王家が存在してきた。より厳密にいえば、ヨーロッパでは「王侯貴族」と称すべき貴種の集団が存在していて、ヨーロッパ諸国は、それら「王侯貴族」を共有してきた。したがって、ある一つの国で王家の血統が絶えれば、別の国から王家の血をひく者を連れて来て、国王に据えればよかったのである。

たとえば、仮に現在の皇族の男系が絶えれば、イギリス王室の男性と皇族女性とを結婚させ、その子どもを日本の天皇として迎えればよいということになる。この場合、日本の皇室はイギリスの王朝となる。すなわちマウントバッテン＝ウィンザー朝の天皇が誕生することになる。しかしながら、保守か左翼かにかかわらず、こんな発想をする日本人は、まずいないだろう。ところが、ヨーロッパ人にしてみれば、それはごく普通の感覚なのである。

それでは、なぜヨーロッパでは、他国の王朝の国王を迎えるなどということが通常の感覚と許されるのだろうか。そのひとつの理由は、ヨーロッパでは極めて多数の貴族の家系が存在しており、それらが互いに複雑な婚姻関係を結んでいて、その中で飛び抜けて別格の貴族というものが存在していないからである。

ヨーロッパでは、度重なる政略結婚によって、「王侯貴族」という分厚い血縁関係の集団を形成してきた。

たとえば、プランタジネット家とカペー家の間の政略結婚をみてみると、ヘンリ二世の息子とルイ七世の娘が結婚し、ヘンリ二世の孫娘とルイ八世が結婚し、エドワード一世とフィリップ三世の娘が結婚し、エドワード二世とフィリップ四世の娘がそれぞれ結婚している。これはほんの一例だが、ようするに、ヨーロッパの王侯貴族は互いに複雑に入り組んだ婚姻関係のネットワークを結んでおり、どこかの家系がどこかの家系と縁続きになっている。

これは、場合によっては、王位継承を争う火種ともなるが、王家の血統の存続ということを考えれば非常に有利である。たとえ一つの家系が絶えたとしても、必ずどこかの家系から血のつながった人間を跡継ぎとして引っ張ってこられるからである。

たとえば、イギリスの場合、エリザベス一世が死んでテューダー朝が絶えると、スコットランド国王をジェームズ一世として国王に迎え入れた。ジェームズ一世の母メアリ・ステュアートは、エリザベス一世の伯母マーガレットの孫だから、いちおうテューダー朝の血を引いているわけである。また、アン女王が没してステュアート朝が絶えたときには、ジェームズ一世の孫娘ソフィアとドイツのハノーヴァー選帝侯との間の息子をジョージ一世として迎え入れている。

この他にも、よその国から国王を迎え入れることは、ごく普通に行われている。ポーランドはザクセン選帝侯を国王にしているし、ベルギーはザクセン・コーブルク家から国王を迎えている。

こうしてみると、ヨーロッパでは、王家の断絶にあまり悩まなくていいことがわかる。自国の国王がいなくなれば、適当にどこかの王侯貴族に国王になってもらう。これがヨーロッパ人の発想であって、これが日本人との決定的な違いであろう。

しかしながら、そんなヨーロッパでも、やはり男系であることは王朝存続の大原則であった。女系で繋ぐこともあるが、その時は王朝が変わる。イギリスがその典型的な例である。

イギリスの場合、女系の国王を迎えたことは何度もある。メアリ・ステュアートの息子のジェームズ一世、ソフィアの息子のジョージ一世、ビクトリアの息子のエドワード七世などである。しかし、これらはいずれも女性の嫁ぎ先が王侯貴族であり、王朝は嫁ぎ先の男性の家名に変わる。ジェームズ一世はステュアート朝、ジョージ一世はハノーヴァー朝、エドワード七世はサックス＝コーバーグ・ゴータ朝である。すなわち、女系の国王が誕生したときは、そこで王朝が断絶し、新たな王朝（嫁ぎ先の男性の家名）に変わるのである。したがって、イギリスの歴代王朝は全て男系なのである。

「男女平等」に傾くヨーロッパの王位継承

ただし、ここで触れておかなければならないのが、ヨーロッパ諸王国の最近の動向である。最近のヨーロッパでは、男系男子（あるいは男子優先）の相続から長子相続（男女にかかわらず最初の子どもが王位を継ぐ制度）への変更がひとつの傾向としてある。

ヨーロッパには十の君主国があるが、このうち、日本と同じ男系相続が一カ国、男子優先の長子相続が二カ国、男女を区別しない長子相続が七カ国である。

現時点では、男女を区別しない長子相続をとる国は、スウェーデン、オランダ、ノルウェー、ベルギー、デンマーク、ルクセンブルク、イギリスである。スウェーデンでは一九八〇年に、オランダでは一九八三年に、ノルウェーでは一九九〇年に、ベルギーでは一九九一年に、デンマークでは二〇〇九年に、ルクセンブルクでは二〇一一年に、イギリスでは二〇一三年に、それぞれ王位継承法が改正された。

これら一連の改正を、「女系王朝」への新たな潮流と見なす人は多いかもしれない。しかしながら、この流れを日本の皇室へとそっくりそのまま適用していいのかというと、そうではない。

これまで、ヨーロッパの王朝では、男系が絶えて断絶の危機に瀕すると、他の王侯貴族の男子との婚姻によって、王朝を交代させて存続させるという方式をとってきた。すなわち、女系で王朝を存続させるのではなく、王朝を交代させて男系を維持するという方法を取ってきた。そうまでして男系原則にこだわっていたのである。

ところが、ここ最近のヨーロッパ君主国の動きをみると、男系原則そのものを捨て去る方向へと変わってきている。これは日本の場合と根本的に事情が異なる。すなわち、日本の場合と違って、王侯貴族の数の豊富なヨーロッパでは、男系の維持に困るということはない。男系の維持が危機に瀕するという差し迫った事態は生じていない。にもかかわらず、あえて男系の原則を捨て去るというのである。これは原則そのものの転換なのである。

すなわち、これまで世界人類に共通して守られてきた「男系」の原則をあえて覆すというのであれば、その根拠は「男女平等」のイデオロギー以外にはない。ようするに、それは「男系」の原則から「男女平等」イデオロギーへの転換であって、ヨーロッパ先進国においては、この「原則の転換」ということがきわめて明確である。男女平等の原則に基づいて、「女子にも男子と同等の継承権を認めよ」ということなのである。

日本の左翼メディアも、世論調査等の結果を盾に皇統の原則（男系）をなし崩しにしようとしているが、これは極めて悪質である。皇統の原則はその時々の世論などに左右されてはならない。左翼のホンネはあくまで「男女平等」のイデオロギーなのであって、「男女平等」のイデオロギー推進のために皇統を利用しようとしているにすぎない。その魂胆が見え透いているのである。

小林よしのり「女系天皇論」のデタラメ

これに対して、一部保守勢力の女系天皇論者は、本心から「皇統の存続のために女系を認めよ」と主張しているのだが、そうした保守の女系天皇論者の中で、最も頻繁にメディアに登場して目立っているのが、漫画家の小林よしのりである。そこで、ここでは小林よしのりの女系天皇論のうち、主なものを取り上げて考察していきたい。以下、ひとつひとつの論点に対して順番に反論していく。

その1　「男系絶対主義」はシナ文明のものである。

すでに述べたように、王朝が男系であることは、世界のあらゆる文明に共通した原則であって、シナ文明に特有のものではない。

その2　古代以来の皇位継承の大原則は「直系優先主義」である。

これも明らかなウソである。継体天皇以降から持統天皇以前にかけては、皇位は傍系（兄弟）へ継承されることが多かった。安閑→宣化→欽明、敏達→用明→崇峻→推古などの継承は、みな傍系への継承である。

その3　旧宮家は天皇と二十世以上も離れている。

「天皇と何世離れているか」ということは、この場合まったく関係がない。小林よしのりがこんなことを言うのは「傍系」の存在意義というものを理解していないからである。そもそも、なぜ傍系の宮家を維持しているのか。それは直系が絶えた場合を考えてのことである。「直系が絶えたら、代わりに皇位を継ぐ」のが傍系の役目なのである。そのためにこそ傍系は存在する。したがって、現在の宮家が絶えた場合、旧宮家を復活させるのは当然の措置である。それが旧宮家に課せられた使命であり、何世離れていようが、それはまったく関係がない。直系が長く続けば続くほど、傍系とは遠くなるが、傍系の本来の存在意義というものを考えれば、それは傍系に継がせることを否定する理由にはならない（注＊）。

また、旧皇族は男系としては遠くても、女系としてはかなり近い。女系では明治天皇や昭和天皇とつながっている。男系と女系を同等に扱えと主張する女系論者が、男系だけをみて「二十世以上も離れている」と主張するのは矛盾している。

（注＊）いわゆる「世襲親王家」がこの考え方だとされている。

その4　皇祖神のアマテラスオオミカミは女神だから、皇統は最初から女系である。

これは女系容認論者の十八番といっていい議論である。しかし、皇祖神が女神であることは、皇位継承が男系であるか女系であるかということと、まったく関係がない。

祖神が女神であるという神話は他にもある。古代ギリシアの都市国家アテナイの祖神は女神のアテナである（注＊）。しかし、アテナイはガチガチの男権主義国家だったのである。

アテナはアマテラスと共通した点がある。それは、性交渉なしに子を生んでいるということである。このことは非常に重要である。

処女受胎の伝説は非常に多く、キリストを産んだマリアをはじめ、ペルセウスを産んだダナエ、高句麗の始祖・東明王を産んだ柳花、釈迦を産んだマーヤー、アレクサンドロスを産んだオリュンピアス、『マハーバーラタ』において神々の子を産んだクンティなど、いろいろな例がある。

それでは、なぜ処女受胎なのか。それはまず、女性は「産む性」であるということである。いかに偉大な王であっても、産まれるときは女から産まれる。したがって、始まりは女性になるのだが、偉大な王を産んだ女性であるからには、それは特別な女性、穢れなき聖なる女性でなければならない。そこで、処女にして同時に母親であるという、「処女母神」の神話・伝説がここに生まれるわけである。しかし、こうした「処女母神」の神話・伝説は世界中のいたるところでみられるが、王位継承においては、世界中のどの文明も男系が原則なのである。つまり、「処女母神」の神話・伝説は、王位継承が男系であるか女系であるかということとは何の関係もない。処女母神を皇祖にしているから、王位継承も女系であってもいいなどという理屈は、女系容認論者が考え出した屁理屈にすぎないのである。

（注＊）アテナは鍛冶の神へパイストスから強姦されそうになるが、危うく難を逃れる。ヘパイストスの精液はアテナの脚にかかり、アテナがそれを吹きとって大地に投げるし、そこからアテナイの王となるエリクトニオスが生まれたという。

その5　天智天皇は母親の斉明天皇から、元正天皇は母親の元明天皇から皇位を継いでいる。これらは女系天皇の前例である。

結論から言えば、これは女系の前例ではない。そもそも、「誰から皇位を継いだか」によって、男系・女系を判断することはできない。小林よしのりは、「男系・女系」に関する理解の仕方が根本的に間違っているのである。

古来、皇位の継承には、じつに色々なパターンがある。兄弟の継承もあり、叔父から甥への継承もあり、叔母から甥の継承もあり、叔母から甥の息子への継承もある。文武天皇から元明天皇への継承は、息子から母親への継承である。これらの例をみればわかるように、「男系なのか・女系なのか」を「誰から皇位を継いだか」によって判断することはできない。

「男系であるか・女系であるか」は、皇位継承者が、皇族の血を父方から引いているか、母方から引いているか、それのみで決まる。父方から皇族の血を引いていれば男系であって、歴代の天皇はすべてこの原則が守られている。したがって、皇統は完全に男系なのである（本来ならば、これで終わっている話である）。なお、古代においては天皇の配偶者は皇族女性であることが多かったので、父母の両方から皇族の血を引いていることもあったが、このことをもって「女系である」と主張するのは、小林よしのりの詭弁であることは言うまでもない。

その6　女性天皇は「中継ぎ」であったという説があるが、そのような説はすでに否定されている。

これについては、まず、女性天皇が「中継ぎ」であったと言われている理由を述べておく。

七世紀後半から八世紀後半にかけて、持統、元明、明正、孝謙といった女帝が相次いで即位したが、それには、はっきりとした理由があった。

持統天皇（天武天皇の皇后）は、それまで通例であった傍系継承を覆し、直系継承を確立させようとした天皇であった。すなわち、自分の夫である天武天皇から、自分の息子である草壁皇子、さらには孫への継承を考えたのである。しかし、草壁皇子がまだ若年であったため（あるいは病弱であったため）、天武の死後、その「中継ぎ」として正式に即位することなく天皇の職務を代行した（これを称制という）。ところが、草壁皇子は二十八歳の若さで亡くなってしまった。そこで持統天皇は正式に即位し、草壁皇子の遺児（すなわち持統天皇の孫）である珂瑠《かる》皇子が成長するまで、「中継ぎ」としての役割を継続した。珂瑠皇子は十五歳で持統天皇の譲位をうけ、文武天皇となった。そしてさらにその息子、首《おびと》皇子への直系継承が意図されるわけだが、文武天皇は首皇子が成年に達する前に、これまた二十五歳という若さで亡くなってしまう。そこで、さらにその「中継ぎ」として、文武天皇からその母親の元明天皇へという異例の継承が行われる。さらに文武の姉である元正天皇という中継ぎを経て、ようやく首皇子（聖武天皇）へと皇位が継承されることになる。

つまり、本来ならば、父から子への男子直系（天武→草壁→文武→聖武）の継承が理想であったことは言うまでもない。しかし、草壁皇子、文武天皇がそれぞれ二十代の若さで病没したため、そのようなスムーズな継承が不可能だったのである。

しかも、当時の感覚で言えば、直系継承よりも傍系継承の方がはるかに有力だった。しかも当時、傍系の候補は何人もいたのである。したがって、そのような有力候補を排除して直系男子継承を確立するには、「中継ぎ」としての女帝の役割がどうしても不可欠だったのである。

女帝が「中継ぎ」であったことを明白に示しているとされている史料がある。元明天皇は、皇位を娘の元正天皇に譲った理由として、次のように述べている。

この神器を皇太子に譲らむとすれども、年歯《よはひ》幼《をさな》く稚《わか》くして深宮を離れず。庶務多端にして一日に万機あり。(『続日本紀』霊亀元年九月二日)

口語訳「この神器を皇太子(首皇子)に譲りたく思うのであるが、年が幼少で、まだ奥深い宮殿から離れることができない。(一方)天皇の政務は多忙であって、処理せねばならぬことが一日に無数にある(したがって、まだ、首皇子に皇位を譲るのは早すぎる)。」

また、聖武天皇は元正天皇から譲位されるにあたって、次のような元正天皇の言葉を引用している。

此食国天下《このをすくにあめのした》は、掛けまくも畏《かしこ》き藤原宮に、天下知らしめしし、みましの父と坐《いま》す天皇《すめらみこと》の、みましに賜ひし天下の業《わざ》……かく賜へる時に、みまし親王《みこ》の齢の弱きに、荷重きは堪へじかと、念《おもほ》し坐して、皇祖母《すめみおや》と坐しし、掛けまくも畏き我皇天皇《わがおほきみすめらみこと》に授け奉りき(『続日本紀』神亀元年二月四日)

口語訳「この統治すべき国は、口に出すのも恐れ多い藤原宮に天下を統治されたあなたの父にあたる文武天皇が、あなたに与えた天下の業《わざ》である。……(ところが)文武天皇がこのように(あなたに天下を)くだし賜うたとき、あなたの年齢は若かったので、荷が重く堪えられないだろうと思われ、皇祖母にあたられる、口に出すも恐れ多いわが元明天皇に天下の業を授けられたのである。」

これらの詔をみれば、元明や元正が皇位を継いだ理由は明らかである。首皇子が成人して皇位を継ぐまでの「中継ぎ」であったということである。

以上のような説（「女帝＝中継ぎ」という説）は、多くの書物に述べられていることであり、ほぼ定説となっている。一方、小林よしのりは、以上のような「中継ぎ」説を否定するような具体的な論拠を全く示していない。

その7　「養老令」の「継嗣令」には「およそ皇の兄弟、皇子をば、みな親王とせよ。（女帝の子もまた同じ）」とある。これはつまり、「女帝の子は女系として皇位継承資格を持つ」ということを意味する。

継嗣令はすでに大宝令に存在したと言われ、大宝令が制定されたのは文武天皇のときである。そこで、このことを文武天皇の立場から考察してみたい。

文武天皇以前の女帝、すなわち推古、皇極（斉明）、持統の三人に女帝は、いずれも配偶者が天皇であった。したがって、この場合、「女帝の子」というのは同時に夫である「天皇の子」でもあるわけで、その時点ですでに親王となる資格を備えている。したがって、このような場合、わざわざ「女帝の子も親王とせよ」という注を付けることは屋上屋を架すことになり、不必要である。したがって、「女帝の子も親王とせよ」という注が意味を持つのは、「配偶者が天皇ではない女帝」である場合に限る。

そこで、文武天皇以後の女帝を考察してみると、元正と孝謙（称徳）はいずれも生涯独身であったので子をなすことがなく、したがって、「女帝の子も親王とせよ」という規定が効力を発することはなかった。これについては、もともと女系の皇位継承というものが許されないものであったがために、最初から独身を強いられていたという説があり、この説が有力である。つまり、元正も孝謙（称徳）も、最初から子孫を残すことのない、一代限りの「中継ぎ」としての役割に徹していたということである。

この説については反論もある。すなわち、元正や孝謙が「最初から独身を強いられていた」という考え方に対しては、「状況論あるいは結果論的な解釈であり、明確な証拠は必ずしも存在しない」という反論である（注1）。しかし、古代史研究をみると、「明確な証拠」で論じられることよりも、むしろ状況論で因果関係が推測されることが多く、したがって、事例によっては状況論で十分な説得力を有するものと思われる。

この場合、皇位継承者が未婚で通すということには、単に「たまたま結婚しなかった」ということ以上の意味があることは明らかである。皇位継承者が結婚して子孫を残すことは、本来ならば、皇統存続のために非常に強く望まれたはずである。それは皇位継承者の義務と言っても過言ではない。それを、あえて未婚で通したことは極めて不自然であり、このことを合理的に説明するためには、ひとつの強力な不文律、すなわち「女帝は独身であるべき」という不文律が存在したと考える以外にはない。また、これが結果論であるという批判についても、同じような事例が複数回繰り返されれば、それを単なる結果論として片づけることには無理がある。江戸時代においても明正、後桜町といった女性の天皇が「中継ぎ」の役割を果たしており、同じく生涯未婚で通している。つまり、独身で即位した女性の天皇、元正、孝謙（称徳）、明正、後桜町といった天皇は、いずれも生涯未婚であったのであり、これらの事例を全て「偶然の結果にすぎない」と解釈するならば、その方が強弁というべきであろう。明らかに、独身の女帝は子孫を残すことなく、生涯未婚で通すべきであるとする不文律が存在していたと考えるのが妥当である。女帝として即位しても、女系の継承者を残すことは許されなかったのである。

残るは元明天皇である。歴史上、「結婚したが、配偶者が天皇ではなく、しかも子をなした女帝」といえば、それはこの元明天皇しかいない。しかし、この場合も継嗣令が効力を発したケースとは言えない。元明天皇の二人の娘はそれぞれ内親王となっている（氷高内親王と吉備内親王）が、しかし、この二人は文武が天皇となった時点で「その兄弟（姉妹）」となるため、やはり「女帝の子もまた同じ」という注が不要なのである。

となると、この継嗣令の注が効力を発した例は歴史上、一度もなかったことになる（注2）。これは、ひとつの謎であり、多くの研究者を悩ませていることなのだが、あえて推測すれば、次のようになる。

つまり、文武天皇の立場に立って考えてみると、文武天皇自身、決してスムーズに皇位継承者として認められたわけではなかった。持統天皇が皇位継承者を決めるときに群臣たちを集めて意見を聞いたが、それぞれの思惑が絡んで会議は紛糾したという。このとき、葛野王が「わが国では古くから直系継承である」（もちろん、これは歴史的事実ではない）と主張し、異論が出そうなのを強引に押し切り、それによって、草壁皇子の直系男子である珂瑠皇子（のちの文武天皇）を皇太子にすることがようやく決まった。これは有名な話で、多くの書物で触れられている。とすると、文武天皇（とその周辺）は似たようなケースが今後も起こり得ることを想定したのではないか。つまり、その父親が皇位継承者と目されながらも皇位につかないまま亡くなり、かつ母親が皇位についた場合を想定し、その子がスムーズに皇位継承者となるようにと文武とその周辺は考えたのではないか。（文武の場合、皇太子となった時点では、その母親は天皇ではなかったが）そのようなケースが今後あり得ると想定したとしても不思議ではない。

つまり整理すると、これは草壁皇子のように天皇になるはずだった皇子が早世した場合に、その妃が「中継ぎ」として皇位を継ぐことを想定した規定だということになる。そのような特殊なケースを想定しての規定なのかと言われるかもしれないが、むしろ当時はそのような特殊なケースこそが連続したという状況から考えれば、最も合理的な推論はそれしかないように思われる。

（注1）『女帝の世紀』（仁藤敦史　角川書店）を参照。
（注2）元明天皇の娘、吉備内親王の子女を皇孫として処遇したのが継嗣令の注の効力であるという説もある。

その8　元正天皇の父親の草壁皇子は天皇ではなかった。元正天皇は母親の元明天皇から皇位を継承したので、これは女系である。

これも完全に間違った解釈である。草壁皇子は天武天皇の直系男子としてその後継者と目されていたのであり、この点が重要なのだ。でなければ、その息子の珂瑠皇子（文武天皇）が皇位を継ぐことの正統性が説明できない。さらに元明天皇も草壁皇子の妃（文武天皇の母）であるからこそ即位できたのであるから、草壁皇子の存在は文武・元明の皇位継承の要《かなめ》になっているのである。

実際、文武天皇が亡くなる二か月前に草壁皇子の亡くなった日が国忌と定められており、淳仁天皇の即位の際には「岡宮御宇天皇《をかのみやあめのしたしらしめすめらみこと》」と追号されている。また、元正即位前紀には次のように書かれている。

日本根子高瑞浄足姫天皇《やまとねこたかみずきよたらしひめのすめらみこと》は、天渟中原瀛真人天皇《あまのぬなはらおきのまひとのすめらみこと》の孫、日並知皇子尊《ひなみしのみこのみこと》の皇女なり。天皇、神識沈深にして、言必ず典礼あり。（『続日本紀』）

口語訳「元正天皇は、天武天皇の孫であり、草壁皇太子の皇女である。天皇は見識が沈着で奥深く、その言葉は必ず儀式作法にかなっていた」

ここで、元正天皇は「元明天皇の皇女」ではなく、「草壁皇太子（日並知皇子尊）の皇女」となっていることが決定的に重要なのである。

また、孝謙太上天皇自身がその宣命において次のように述べている。

朕《わ》が御祖《みおや》太皇后《おほきさき》の御命《おほみこと》以《もち》て朕《われ》に告《の》りたまひしに、岡宮御宇天皇の日継《ひつぎ》は、かくて絶えなむとす。女子《をみなこ》の継《つぎ》には在れども嗣《つ》がしめむと宣りたまひて、此の政《まつりごと》行ひ給ひき。（『続日本紀』天平宝字六年六月三日）

口語訳「私の母上の光明皇太后のお言葉をもって私（孝謙太上天皇）にお告げになるには、このままでは岡宮御宇天皇（草壁皇子）の皇統が絶えようとしている。あなたは女子の後継《あとつぎ》ではあるが、聖武のあとを嗣《つ》がせよう」と仰せになり、（それをうけて私は）政治を行ったのである」

このように、孝謙自身が「草壁皇子の皇統」を継ぐものとして自ら任じてきたことがわかる。これらのことを考え合わせると、当時は、天武↓草壁↓文武↓聖武、という男子直系の皇統として認識されていたことは明らかである。ただ、最後の孝謙（称徳）は、女帝であるがゆえに子孫を残すことが禁じられ、皇統は天智天皇の孫である光仁天皇に移ることになる。

持統、元明、元正といった女帝が大きな業績を残したことをもって、これらの女帝は決して「中継ぎ」ではなかった、という議論も多く見受けられる。しかしながら、そもそも「中継ぎ」であることは、これら女帝の天皇としての力量を否定するものではない。優れた天皇であることと「中継ぎ」であることは全く矛盾しないのである。むしろ、これらの女帝の「中継ぎ」としての役割は非常に重要であったと言える。野球でも、中継ぎ投手が打ち込まれれば、そこでゲームが終わる。皇位継承をめぐって争うことの多かったこの時代にあっては、直系男子に皇位を譲るには盤石の体制を整えることが必要であった。そうした意味で、持統、元明、元正といった女性皇帝の貢献度は非常に大きかったといえる。彼女ら女性天皇は、常に天武→草壁→文武→聖武という男系継承に固執し続け、そのために全力を尽くしてきた女性たちだった。にもかかわらず、現代の女系容認論者たちが、それを「女系」の前例として彼女らを利用するとすれば、これら女帝たちの呪いがその身に降りかかると言っても言い過ぎではあるまい。

■著者紹介

佐藤貴彦

名古屋大学理学部卒
評論家
教育論、歴史認識、ジャック・ラカンの分析理論など、幅広く論じている。
著書に『ラカンの量子力学』など。

男女平等は男女を幸福にしない

2024年3月14日　第1刷発行

著　者　佐藤貴彦《さとうたかひこ》

発行者　太田宏司郎
発行所　株式会社パレード
大阪本社　〒530-0021　大阪府大阪市北区浮田1-1-8
TEL 06-6485-0766　FAX 06-6485-0767
東京支社　〒151-0051　東京都渋谷区千駄ヶ谷2-10-7
TEL 03-5413-3285　FAX 03-5413-3286
https://books.parade.co.jp
発売元　株式会社星雲社（共同出版社・流通責任出版社）
〒112-0005　東京都文京区水道1-3-30
TEL 03-3868-3275　FAX 03-3868-6588
印刷所　創栄図書印刷株式会社

ISBN 978-4-434-33529-7　C0036